“一带一路”丛书
郑和系列

南船纪

（明）沈啓 著
王亮功 点校

南京市地方志编纂委员会办公室 编

南京出版传媒集团
南京出版社

图书在版编目（CIP）数据

南船纪 /（明）沈啓著；王亮功点校．-- 南京：南京出版社，2019.9

ISBN 978-7-5533-2611-5

Ⅰ．①南… Ⅱ．①沈… ②王… Ⅲ．①造船工业—工业史—中国—明代 Ⅳ．① F426.474

中国版本图书馆 CIP 数据核字（2019）第 131176 号

丛 书 名 “一带一路”丛书
书　　名 南船纪
作　　者 （明）沈啓
点　　校 王亮功
出版发行 南京出版传媒集团
南 京 出 版 社

社址：南京市太平门街53号　　邮编：210016
网址：http://www.njcbs.cn　　电子信箱：njcbs1988@163.com
天猫1店：https://njcbcmjtts.tmall.com/　　天猫2店：https://nanjingchubanshets.tmall.com/
联系电话：025-83283893、83283864（营销）　025-83112257（编务）

出 版 人 项晓宁
出 品 人 卢海鸣
责任编辑 徐　智
装帧设计 王　俊
责任印制 杨福彬

制　　版 南京新华丰制版有限公司
印　　刷 南京工大印务有限公司
开　　本 787毫米×1092毫米　1/16
印　　张 8.5
字　　数 120千
版　　次 2019年9月第1版
印　　次 2019年9月第1次印刷
书　　号 ISBN 978-7-5533-2611-5
定　　价 36.00元

天猫1店　天猫2店

编者的话

600多年前，从永乐三年（1405年）至宣德八年（1433年）的28年间，郑和率领庞大船队七下西洋，以过人的胆识和非凡的智慧，历经千难万险，行程30余万公里，远至红海和非洲东海岸，遍访30多个国家和地区，巩固了海上丝绸之路，传播了友谊的种子，促进了经济贸易交流，增进了国与国之间的友好交往，为世界文明进步做出了巨大贡献。

郑和七下西洋，密切了中国与海外诸国的友好交往，增进了中国人民和亚非人民的友谊。据不完全统计，在郑和下西洋期间，与郑和下西洋有关的亚非国家使节来华共318次，平均每年15次。郑和忠实地执行“以德睦邻”“厚往薄来”的“宣德化而柔远人”的外交政策，致力弘扬中华礼教和儒家思想、历法、农业技术、手工艺、建筑雕刻技术、医术、航海造船技术等，肩负起“宣教化于海外诸番国，导以礼义，变其夷习”“与天下共享太平之福”的重任，把中华古代文明的种子播撒在了风情万种的异域。

当时的明朝正处于“永乐盛世”，国家一统，社会安定，经济繁荣，国力强大，为郑和下西洋奠定了雄厚的物质技术基础。承接宋元以来的科技发展和社会进步，明朝的造船技术和航海技术涉及结构力学、流体力学、磁力学、工程学、数学、天文学、地理学、地质学、海洋学、气象学、生物学、医学等多门学科，领先于全球。当年这支庞大的木船编队，能够在洪涛接天、巨浪如山的大海上，"云帆高张，昼夜星驰"，不能不说是航海史上的奇迹，他们运用中国人自己发明的指南针，通过星辰定位，精确引航；他们采用昼行认旗、夜行认灯等方式，实现船舶间的联络、调度；他们绘制出标有530多个城市、岛屿、航海标志、滩、礁、山脉和航路名称的《郑和航海图》，准确、形象、丰富、完整，是世界上现存最早的航海图。

郑和七下西洋的壮举在当时和后世都留下了丰富的历史资料。南京是明代两京之一，龙江船厂是当时世界上规模最大、技术最先进的官办造船厂，是郑和船队船舶的主要来源之一，李昭祥的《龙江船厂志》、沈㫤的《南船纪》从不同的视角展现明初南京造船业的盛况；由郑和随行人员马欢、费信、巩珍分别撰写的《瀛涯胜览》《星槎胜览》和《西洋番国志》，对下西洋所到国家和地区的历史沿革、重要都会、地理形势、宗教信仰、风俗习惯、物产气候等都做了详细的描述，使中国人对东南亚、北印度洋沿岸、阿拉伯海、红海乃至非洲东海岸一带的广大地区有了更多的了解和认识；由茅元仪《武备志》收入的《郑和航海图》，采用了中国传统的绘图法，把沿途经过的山川河流、岛屿浅滩、码头港口、城镇庙宇等，一一形象地标明在纸上，从南京到东南亚沿海、北印度洋沿岸，最远到非洲东海岸，分别标出了航向、航程等，是一部出色的航海手册；100多年后的万历年间，罗懋登将郑和七次奉使西洋的史实敷衍描绘成神魔小说，希望借此激励明代君臣勇于抗击倭寇，重振国威。

南京是郑和下西洋的策源地和出发地之一，留下了众多的历史遗迹和珍贵史料。南京市地方志编纂委员会办公室和南京出版传媒集团·南京出版社商议决定，延请名家重新修订相关资料并结集出版，希望让有关郑和下西洋的珍贵史料流传更远、更久、更广。

导　读

《南船纪》四卷，明沈啓著。

沈啓（1491—1569年），字子由，号江村，吴江（今江苏苏州）人。明正德十四年（1519年）应天乡试举人。嘉靖十七年（1538年）戊戌科二甲进士，授南京工部营缮司主事，署理龙江都水分司，督理船政。三年考满，迁刑部主事。历员外郎、郎中，出为绍兴知府，治绩冠全浙。官至湖北按察副使。因"海禁四议"事被劾罢归。晚年居仙人山，以读书著述终老。赠都御史。他聪慧好学，博涉群书，热心经济，尤精于《易》。于诸子百家及天文历算、阴阳五行、水利、造船等经世之学无不悉究。著有《吴江水考》《南船纪》《南厂纪》《杜律七言注》《牧越议略》《西台净稿》《南北稿》《楚咏稿》《鸡窝咏稿》等。

《南船纪》为沈啓署理龙江都水分司造船主事时所撰。当时船政废弛，弊端丛生。工部尚书、侍郎面命他"兴剔以净宿弊"，并令其"通将各船工料数目，画图造册，以便检阅"。沈啓处事干练，机敏多智，善规划理财。经过调查研究，决定首先"定其章程"，以"植本澄源"，净其宿弊。他"日讨月求，铢研寸究"，将旧册附以新编，汇成一书，于明嘉靖二十年（1541年）以"为昭法制定工料以杜弊端事"的呈文及船纪二册上报工部。经司务厅会同都水、屯田、营缮等四司主官“细致稽评”“博加详议”，审核订正定稿，由时任工部尚书宋景批准施行。可见这是一部由沈𫄧编修的官书，既是当时的“部颁标准”，又是经官方审定的“船政管理应用手册”。

《南船纪》共四卷。第一卷首刊两图，分别介绍船舶内部和外部的结构、名称，再依次刊载各类船舶的图形、名称、用途、尺寸、用料、用工、造价等，记载极为详尽。第二卷记各型船舶的因革事例，各军卫额设船舶种类、数量、修造规定、添造、裁革等情况。第三卷记典司，即主管官员和各类工匠人等的组织机构及龙江提举司所属地产。第四卷记载造船、修船、收放料、料余等章程及则例。

《南船纪》是我国古代流传至今最完备的船书，对木船结构、原理，工料定额等记载极为详尽，是很有价值的古代造船技术典籍，并为造船史乃至古代手工业史研究提供了珍贵资料。《南船纪》又为此后十年李昭祥纂修《龙江船厂志》奠定了基础，其大量史料及全部船图均为《龙江船厂志》直接采用。可以说没有沈𫄧的《南船纪》，就不会有李昭祥的《龙江船厂志》。

《南船纪》成编后，由沈𫄧个人捐俸刊印，一帙留存工部，以备稽核公用。清乾隆六年（1741年），其八世孙沈守义根据家藏印本自费重印，由江宁黄子俊刊船，李咸怀、吴省南、张廷献刻字。字体端秀，刻印精良，被《四库全书》收录，现列为善本书，中国国家图书馆、南京图书馆有藏。

王亮功

钦定四库全书提要

《南船纪》四卷，江苏巡抚采进本，明沈㟙撰。

㟙有《吴江水考》已著录。是编乃㟙嘉靖中以南工部营缮司主事、署监督龙江提举司时所撰。按《明史·兵志》，太祖于新江口设船四百。永乐初，又命镇江各府、卫造海风船，皆江船也。又《职官志》所载各船有黄船、遮洋船、浅船、马船、风快船、备倭船、战船诸名。内惟遮洋、备倭二种，为海中所用，故㟙不之及。其余各船图形、工料数目暨因革、典司诸例，无不详悉备载。

国朝江宁府设同知一员，专管督造战船，参考损益，未始非船政之权舆。然今昔异其制，已不尽合矣。

苏州府吴江县恩贡生臣沈宝禾恭录

南京工部营缮清吏司主事沈棨呈，为昭法制定工料以杜弊端事。本职注选修仓，除奉本部札委遵依外，嘉靖十八年八月二十六日，因本部都水司监督龙江提举司造船主事员缺，蒙札署掌。

当蒙陞任尚书周、陞任侍郎胡面命，兴剔以净宿弊。本职深惭庸劣，日切兢皇，日讨月求，铢研寸究，照得一船经始，即加校雠。案牍之繁，每器致详，未得提挈纲维之要。且卷有新旧，料或随时而重轻；官有更迁，人或乘机而出入。一失考详之实，难免破冒之尤。似此续蒙陞任尚书李特命本职，通将各船工料数目画图造册，以便检阅外，然于因革之制，典司之体，尚未之详。针毡半载，于兹检阅，无纤不悉。验知小修大造，工辄经年，匠直料资，给无虚日。匠班芦课，虽田夫杼妇之膏既穷，包作揽头肆市虎道狼之心未厌。该司当局自保平施之公，而矮人旁观，又致保奸之诮。

虽兴事为擿发，难术中法外之无遗，不若定其章程，庶植本澄源之有益。因将旧册附以新编，先之制器而绘其图形，次则抡材而比其货贿，因革备载当时之典，增损远征前代之文。若饩食之微，羡余之末，继始之例，稽工之程，类分其门，条疏其义，辑略颇成编次，可否未知取裁。况其间船只，或制异而料同，或制同而料异，稽查无证。更革果能合用，上呈酌为定式。如蒙乞发都水司郎中薛编细致稽评，务使各船之制，大小有伦而不紊；屯田司郎中周大礼通为核实，要见诸货之直，纲纪有总而毕张。仍令会同司务各司官周埜、曹嗣荣等博加详议，订正成编。本职自捐俸资镂成一帙，存留本部用待稽疑。则为船二十有四，不待临江点阅而展卷可知；用料十百至千，无容翻卷勘磨而举目皆在。

经制画一，百工允厘，庶洪私仰答，而不失专委责成之意也。缘系昭法制定工料以杜弊端事，本职未敢擅便。似此通将船纪二本录呈，伏乞照详施行。须至呈者。

右呈

本部

嘉靖二十年　月　日主事沈啓

南京工部尚书宋批：查行。

南京工部都水清吏司，为昭法制定工料以杜弊端事，准本部司务厅司务周并营缮等四司手本。准本司手本送该本部营缮清吏司主事沈，呈送船纪二本到职，会同查议定制工料停当，相应拟行等因，准此案照先为前事已经禀堂行议去后，今准前因拟合通行。为此合用手本，前去本部营缮清吏司主事沈处，烦为查照施行。须至手本者。

嘉靖二十年五月　日，署司事屯田司主事舒缨

目 录

《南船纪》目录

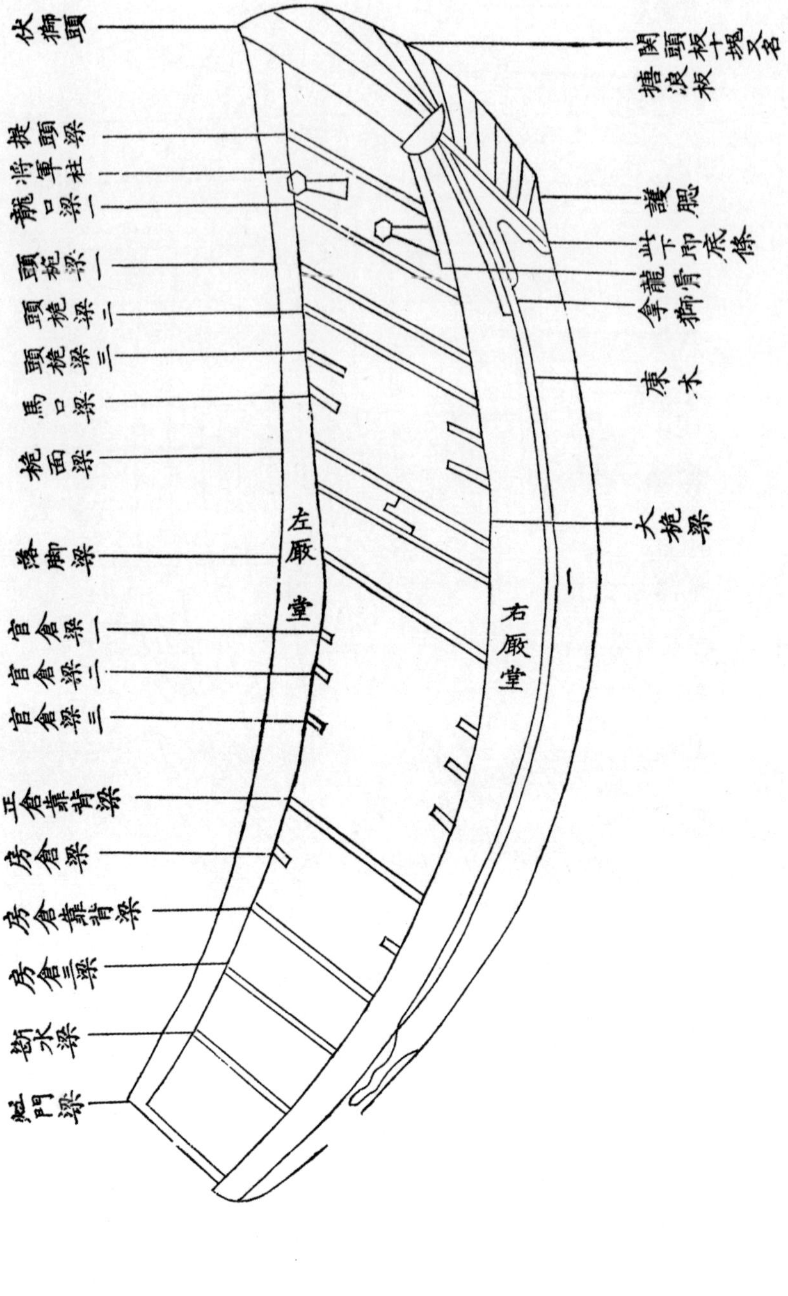
伏獅頭
挽頭梁
將軍柱
龍口梁一
頭桅梁一
頭桅梁二
頭桅梁三
馬口梁
桅面梁
落脚梁
官倉梁一
官倉梁二
官倉梁三
房倉梁
房倉三梁
左廠堂
右廠堂
護腮
康木
大桅梁

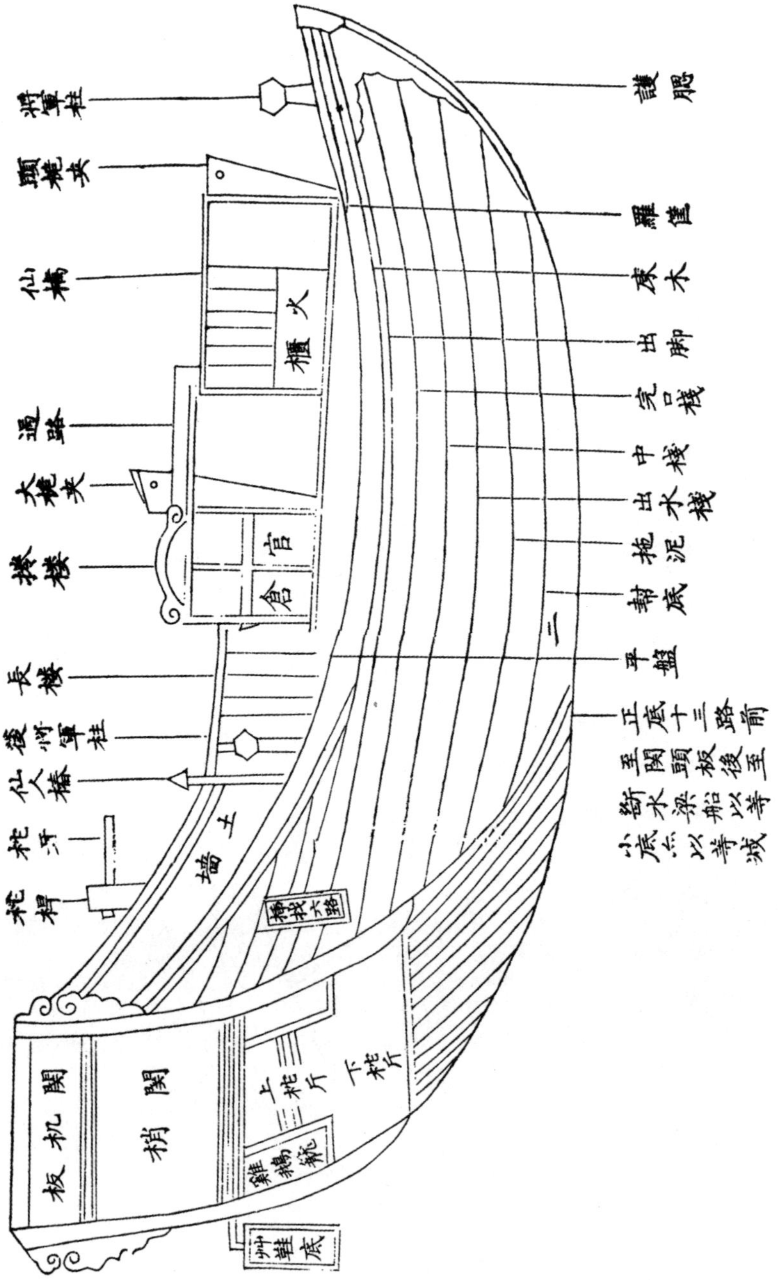
將軍柱
頭桅夾
仙橋
通路
大桅夾
長樓
仙人椿
護腮
出脚
完口棧
中棧
出水棧
封底
平盤

南船纪卷之一

黄船图数之一

夫舟之制，创于尚象，成于共鼓，以济渊浸之不通。而考其制，刳木之外无闻焉。《礼》曰：天子造舟，诸侯维舟，大夫方舟。《释文》曰：造者艁也。于是天子之舟有制与等矣。然秦汉以还，无所征信，岂江淮非巡幸之地？而从桥之议，固万世人臣事君之道欤。矧诗曰：造舟为梁。由今观之，梁固桥也。不然则历代之定鼎，非西北之陆，即东南之偏，或无事于斯及也乎。若其太液积翠之漫游，青雀黄龙之流荡，规模弘丽，虽间有之，义可略也。唯我圣祖建都南北，备物制用。而御用黄船有四：一曰预备，备巡幸也；二曰大；三曰小；四曰匾浅，备荐新也。巡狩者，所以忧世勤民也。荐新者，所以敬天尊祖也。而文典顾未之详则。夫宫殿、车旗、服饰、卤簿诸仪，百度咸列职掌，而此独可漫无所纪，以垂厥后之稽凭哉。是故图之形像，以便效法；析之度数，以便量材；条之因革，以便考信；别之章程，以便计功。而所以辨物采、彰等威、定名分，以昭一代之盛，以监百王之遗者，皆是乎在他日修典礼者，庶几乎其采择云。

预备大黄船

啓案：黄船而名预备者何？备御用也。御何用？巡幸也。何谓巡幸？由周历览以省方，而方皆存问曰巡。所□□□以□民，而民皆□□曰幸。盖自开辟以来，封建列国而巡幸兴焉。故典于虞，谚于夏，宪于周官，执庆赏刑威之公，以临万国。所以同度正朔，所以命德讨罪，所以推存固亡，所以保婺植矜，秩乎亲侯，比民之道昭然矣。寂寥千载，船斯创见，诚祖宗真见，往圣亲天下之心，直欲偏神河赤海而抚讯之，以显夫为比之公也乎。二百年来，未见行事，岂惩锦帆之荒唐，八骏之寥廓，有不足事也。不然或古今不相及，有不必其迹之同者矣。何则自秦裂郡县，寓吏流官，无私土子民之固，朝不职者，朝辄易之。不俟兴师致讨，而天下无不贡之土，不率之民，欲从而令趋也，奚庸亲狩为哉。历汉而元，非无慕古者之议及也。道不行也，不行而强行之，或诛长吏之不支，民庶之不给者，非制也。间有酒食葛帛之赐，遭适而惠私，岂展义之谓哉。唯田租之半，庶为近之，上失亲民设教之意。况驰道师从，未必逢迎，征索之不逾其半也。是故周官已有探人、行人之省，后世因之。而观使之遣，监访之遣，代不能易。所谓变则通，通则久。道之趋也，其尚矣乎。恭唯圣制，监古酌时。岁遣御史巡而按之。又设都御史，巡而抚之，豸绣塈谗，侯度之饬也，熊舆问俗，民隐之勤也。驾虽不出，而旬宣之化，无所弗届矣。然如伤之视心无穷也，船故存而不去，盖以为巡为幸，可日可时，司牧者毋得肆于民，上而谓君门之万里也。此明堂之所以不毁也。与是以其材之良也，木选川杉，□之任也。底径五寸，制之异也，金殿黄章，费之繁也。无虑千百，数之备也，恒以十计。夫船十也，而式一也，将不嫌于无别乎。尝闻龙舆凤辇，制有等威，数有隆杀，是或议礼诸司之未及也。有能请定二船而尊其制，一如丹驾之仪副其二者，以备修理。其他悉从会典。所谓大小有制者而杀之，则名分严而朝廷尊，上下辨而民志定矣。《易》曰：垂衣裳而天下治，非此之谓乎。船虽设而不御，天下万世之幸甚矣。

头一仓、二仓，各长四尺。三仓至六仓，各长三尺八寸。七仓至十一仓，各长四尺二寸。十二仓至十五仓止，各长四尺。虚头长一丈二尺五寸。虚稍长一丈二尺。

共长八丈四尺五寸，阔一丈五尺。

正底十三路长六丈，阔一尺。内十路厚三寸五分，三路五寸五分。帮底二路长六丈二尺，阔一尺二寸，厚四寸。

拖泥二路长六丈四尺，阔一尺二寸，厚三寸五分。出水栈二路长六丈八尺，厚四寸，阔一尺五寸。

中栈二路长七丈二尺，厚二寸七分，阔一尺三寸。完口栈二路长七丈六尺，厚二寸五分，阔一尺四寸。

插找六块长二丈，阔一尺二寸，厚二寸五分。出脚二路长八丈四尺五寸，厚三寸。

厫堂四路长七丈五尺，阔一尺，厚二寸五分。里口二路长七丈五尺，阔一尺，厚四寸。

侧口二路长二丈七尺，阔一尺，厚三寸五分。火柜侧口二路长二丈四尺，厚二寸五分，阔一尺三寸。

康木二路长八丈四尺五寸，厚六寸五分。千斤板四块长二丈五尺，阔一尺，厚二寸五分。

伏狮头一长一丈四尺，围四尺。梁十七座每座板四块，长一丈三尺，阔一尺三寸，厚二寸五分。

累梁二路长一丈三尺，方厚六寸。挽脚梁一块长一丈二尺，厚三寸，阔一尺四寸。

大桅面梁一长一丈五尺，阔一尺五寸，厚五寸。小桅面梁一长一丈二尺，阔一尺二寸，厚五寸。

上下舵巾二块长九尺五寸，厚三寸，阔一尺二寸。灶门梁板二长九尺，厚二寸五分，阔一尺二寸。

关头板十长一丈一尺，厚三寸，阔一尺三寸。关稍板六长九尺，厚二寸五分，阔一尺。

大桅帆柏一长二丈，阔一尺二寸，厚五寸。小桅帆柏一长八尺，阔一尺二寸，厚五寸。

拿狮二路长一丈六尺，方五寸。土墙二路长二丈四尺，阔三尺，厚一寸八分。

仙桥板二块长一丈四尺，阔二尺四寸，厚二寸。卷楼平盘板十二长七尺，厚二寸，阔一尺二寸。

龙骨四根长五丈五尺，方五寸。官楼老鼠桥四块长二丈四尺，阔四寸，厚二寸。

草鞋底二路长一丈六尺，阔八寸，厚二寸。平盘罗框四路长八丈四尺五寸，阔八寸，厚一寸八分。

铺头板六长一丈一尺，阔一尺，厚二寸五分。铺稍板四长一丈二尺，阔一尺，厚二寸五分。

长楼顶板七长二丈七尺，厚一寸八分，阔一尺二寸。当家木一块长九尺，方厚五寸。

将军柱四长五尺五寸，围三尺五寸。大桅夹二长一丈四尺，厚三寸，阔一尺二寸。

小桅夹二长九尺，厚二寸五分，阔一尺。舵夹板四长一丈五尺，阔五寸，厚二寸五分。

顺水板四长二丈六尺，阔七寸，厚三寸。杠板八长二丈六尺，阔三尺，厚一寸五分。

浪槽板八长三丈，厚一寸五分，阔二尺。长楼日晒锁伏板十五长七尺，阔一尺二寸，厚二寸。

仙桥锁伏板二十长五尺，阔一尺二寸，厚二寸。水槽十根长一丈五尺，方一尺。

鸡鹅笼锁伏二十长三尺，厚二寸，阔一尺二寸。孟头锁伏二仓五块长五尺五寸，厚二寸，阔一尺二寸。

三层锁伏八仓每仓用板八块，长四尺，阔一尺二寸。橹跳板十六长七尺，厚二寸五分，阔八寸。

舵编板八长六尺，阔一尺二寸，厚二寸。脚跳板二长二丈五尺，厚三寸，阔一尺三寸。

篷架四座

以上共用川杉木　十　根围四尺，长四丈者　十　根。围三尺五寸，长二丈八尺者　根。楠木　十　根　分围四尺，长二丈者　十　根。围三尺五寸，长一丈八尺者　根。杉木连二枋　十　块　分。杉木连三枋　十　块　分。有旧料减三分。

橹十张杉木五根围二尺五寸，长二丈五尺。大桅川杉木一根围四尺五寸，长五尺五寸。

杉条木旗哨招杆三根围一尺，长二丈。头桅川杉木一根围三尺，长四丈。

榆木舵杆一根围三尺，长一丈八尺。杉条木篷秤杠四根围一尺，长二丈。

舵牙关门棒檀木一根围一尺五寸，长二丈。水戗杂木二根围一尺，长二丈。

水撅　榔头　羊头

火柜柱子八根内二根长九尺，六根长六尺，见方四寸五分。

箍头地脚枋十二根四根长一丈八尺，阔六寸，厚五寸；八根长九尺，阔六寸，厚五寸。

麻力槽枋三十六根内四根长九尺三寸，二根长六尺，阔三寸。

照面并内装板四槽长五尺二寸，阔八尺，厚八分。左右裙板二块阔二丈，长二尺八寸，厚八分。

平卷楼柱四长六尺，方四寸五分。箍头地脚枋十长九尺五寸，阔六尺，厚五寸。

长楼柱六长八尺，方四寸五分。过梁三长九尺，阔六尺，厚四寸。

左右柱四十长二尺七寸，阔三寸，厚二寸二分。挂枋二长二丈，阔四寸五分，厚二寸二分。

地脚眉枋四长九尺，阔六寸，厚五寸。麻力板十六空每空阔四尺二寸，长四尺五寸，厚七寸。

地平二十七扇长四尺五寸，阔二尺七寸。长槅十八十扇长七尺五寸，阔一尺九寸；八扇长五尺五寸，阔一尺三寸。

短槅四十八扇长二尺七寸，阔一尺九寸。平门六扇长五尺五寸，阔一尺九寸。

稍亭阑杆四根长二丈二尺，方三寸五分。两簒板四十八长三丈三尺，阔一尺六寸，厚八分。

箍头枋八长一丈，阔四寸五分，厚二寸二分。角梁押缝十二长九尺，方四寸。

连檐柱四长一丈四尺，阔三寸，厚一寸二分。座柜一　铺板全阔九尺，长三尺，厚七分。

斗机板阔九寸，长二尺五寸，厚七分。长短花板十八块。

受带五十四条　荷叶六

角云四　屏风床一

膳桌二　面架一　衣架一　圆炉架一

金炉架一　鼓架一　御仗架一　御仗一对以上俱朱红。

连椅二金漆。旗柜一　扶梯四　盖锅二

挡众二　东净柜一　膳桶二　浴盆一

面盆一　脚盆一　吊桶一以上俱朱红。札板一

膳桶二　浴盆一　脚盆一　净桶一

水挽一　戽斗一以上俱金漆。

以上共用杉木连三枋　块　分。杉木连二枋　十　块　分。楠木二根围四尺，长一丈八尺。榆木一根围三尺，长二丈。鱼线胶一斤。

油舱底楼桐油八百斤，白麻六百五十斤，石灰一千六百斤。

铁器猫二口，锅二口，灶二座，火盆一，挽子二，锁一把，槁钻十，攀胸一条，舵箍一道，橹脚圈四，上马圈二，收篷圈二，跳板圈四，累梁圈八，铁水管二，箍头圈一，吊桶圈一，鼓钩四副，枣核钉二百，大小钉六百斤，舵串钉二根，舵搭脑一条，桅倒环一副，膳桶圈八个，金架钩一副，桌子插肖二，挡众圈一副，灯笼圈二副，灯笼架二副，鼓炮钉六百，净桶箍三道，面桶箍一道，舵杆箍一道，面梁铁叶四条，千金二十二个，桶箍三十一道，前后锁伏圈五，累梁倒环二副，稍亭倒环四副，稍亭插肖五根，大鼓铁圈五道，小铁圈四十副，膳桶柱十六根，老鹳嘴五十副，手炤烛剪二副，稍亭炮钉二百，卓牙小钉五十，攀头小钉五十，旗柜小钉五十，旗柜事件一副，膳桶箍十五道，戽斗小钉三十，灯笼护烛二副，小脚盆箍三道，腰子盆箍三道，金漆盆箍三道，火柜了吊一副，连椅定绞四副，上下抱桅叶八条，上下舵箍叶七条，上下舵中叶四条，环钹四副脚子全，吊桶挽子箍八道，顺水铁叶三十二条，桅箍小钉一百三十。鸡骨栓四根，长九寸，重三斤。攀头二条，长七尺，阔四寸，重十八斤。桅栓四，内一长三尺，重二十斤；二长二尺五寸，重十五斤。

风篷二扇青筀竹八百五十根，猫竹七根五分，黄藤一百斤，箬叶一百二十根，棕毛一百七十斤。

稍亭篾簟一　篷衣一

纤簟二　八披二　系水四共青水竹一千七百根。龙笛一苦竹一根。

篾丝灯笼二　鼓盖一　旗杆二猫竹枪头贴金。官仓两篛二

棕猫缆二　顶缆二　系水四　度繂三

吊舵二　橹绷十　抱桅二副共二十一条，共棕毛八百斤。

大桅繂索　纤簟二　头桅繂索　箍头二

都管二　上马索一　铳篷减篷各二。旗线一共白麻四百五十。

大黄绢旗一黄号带一。黄绢小招旗二　青布红云亭衣一

青布兜稍二每件三副。稍亭布帘一　火柜青布帏二

长楼帏二　官仓青布帘二白绵布十八匹，青丝绵四两，黄生官绢八匹，黄丝绵二两，白麻四十斤，红绒五两，明矾一斤，苏木六两，槐花三斤，靛花九十二斤，猪胰子一斤，挽缸灰六十二斤。

红缨头一茜红火把缨二斤，生挣水牛皮三分，红真皮三分，生丝左线六钱。

花鼓一面　杖鼓一面生血水牛皮一张五分。樟木一段，围三尺，长八尺。

铜金一面　铜锁七匙钥全。杖鼓钩响铜十五斤，黄熟铜十六斤，红铜五斤，木炭一百斤，硼砂一两。

杖鼓绦　笛结子　椅穿青绵纱二斤八两，大红熟丝线八两五钱，绿丝线三钱。

钉槅花锡八两，蛃壳六十斤，猪油八两。

油饰桐油一百斤，石黄三十斤，白面六斤八两，中白绵五两，二朱八斤，土子三升，瓦灰一斗八升，生漆四十斤，水花朱斤四两，密陀僧六两，黑煤五斤，水胶六斤，银朱红土各五斤，光粉二十斤，番朱点漆各二斤，黄丹二斤十两，香油四斤，苎布一丈六尺。

彩画银朱二斤，二朱二斤，光粉三斤，墨煤一斤四两，水胶三斤，三碌二斤八两，合碌斤十二两，藤黄二两，枝条碌三斤，靛花青五两。

妆銮金箔六十贴，苎布五匹，熟漆十二两，生漆二斤。抹金金箔十三贴。

铸灶生铁一百十九斤，稻皮一百十九斤，麦稳一百十九斤，木炭一百十九斤，煤炭一百十九斤。

本船诸料共该银　百　十　两　钱　分　厘　毫，内如有旧木、钉，三分扣除。实银　百　十　两　钱　分　厘　毫。

工食银　十　两　钱　分。

大黄船图

喈伏读兵部奏准榜文，知南京大黄船者，皆以供本部之器贡，如曰戗金、朱红、大小膳盒，曰朱红竹丝盒，曰大单盒，曰茶饭桶、汤桶，曰方箱，曰蒸笼，曰连椅，曰水沿卓，曰茶架，曰行□，曰养牲匣，曰御仗，黄红销金油绢单袱。计船之应用者凡有十五，今船之数亦止于十五。盖谋定而责成者也。稽之光禄膳盒，岁造万有二千，北工办八千四百，南工办三千六百。嘉靖八年免南一千五百有奇，九年减五百有奇，即今所供特一千三百八十有二。故船亦仅此而足。嗟乎，损上益下，民悦无疆。自上下下，其道大光。国家月裁日省，无非节用以裕民也。大光之道，岂有疆哉。

头仓至十一仓，各长四尺二寸。房仓第十二，长三尺二寸。房仓第十三，长三尺六寸。八尺仓第十四，长三尺四寸。八尺仓第十五，长三尺四寸。

虚头仓，长一丈二尺五寸。虚稍，长一丈三尺。

共长八丈五尺三寸，阔一丈五尺六寸。

正底十一路长六丈零五寸，阔一尺二寸，厚二寸五分。帮底二路长六丈一尺，阔一尺，厚二寸。

拖泥二路长六丈三尺，阔一尺，厚二寸。出水栈二路长六丈五尺，阔一尺三寸，厚二寸。

中栈二路长七丈，阔一尺五寸，厚二寸。完口栈二路长七丈五尺，阔一尺五寸，厚二寸。

插找左右板六块长一丈八尺，阔一尺二寸，厚二寸。出脚二路长八丈六尺，阔一尺一寸，厚二寸五分。

厫堂六路长六丈五尺，阔一尺，厚二寸。官仓侧口二块长三丈二尺，阔一尺五寸，厚三寸五分。

火柜里口二路长二丈五尺，阔八寸，厚二寸五分。千斤板二块长二丈五尺，阔一尺一寸，厚二寸。

康木二路长八丈六尺，阔六寸，厚三寸。伏狮头一长一丈一尺，围三尺五寸。

一字梁板二路长一丈，厚五寸。挽脚梁一长一丈二尺，阔一尺四寸，厚三寸五分。

梁十六座每座板五块，长一丈三尺，阔一尺三寸，厚二寸五分。大桅面梁一长一丈五尺，阔一尺四寸，厚五寸。

小桅面梁一长一丈四尺，阔一尺二寸，厚五寸。将军柱面梁一长一丈，阔一尺二寸，厚五寸。

灶门梁花板三长一丈二尺，阔一尺一寸，厚一寸八分。关头板十长一丈一尺，阔一尺二寸，厚二寸五分。

关稍板七长九尺，阔一尺一寸，厚二寸。上下舵巾二块长一丈三尺，阔一尺三寸，厚三寸。

罗框平盘四路长八丈六尺，阔九尺，厚一寸八分。拿狮二块长一丈六尺六寸，厚五寸。

左右土墙二路长二丈五尺，阔二尺，厚一寸八分。左右平盘二路长二丈五尺，阔五寸，厚一寸八分。

草鞋底三长一丈八尺，阔八寸，厚一寸。老鼠桥并平盘二块长二丈五尺，阔六寸，厚二寸。

龙骨四路长六丈五尺，阔六寸，厚四寸。仙桥二路长二丈五尺，阔一尺五寸，厚一寸八分。

铺头板六长一丈二尺，阔一尺，厚一寸五分。铺稍板七长一丈二尺，阔一尺五寸，厚二寸二分。

长楼顶板八长三丈，阔一尺一寸，厚一寸五分。卷楼顶板五长七尺五寸，阔一尺二寸，厚一寸八分。

平楼顶板五长七尺五寸，阔一尺一寸，厚一寸五分。将军柱二长七尺，围三尺五寸。

大桅夹板二长一丈四尺，阔一尺三寸，厚三寸。小桅夹板二长九尺，阔一尺二寸，厚二寸五分。

帆柏大小二长七尺，阔一尺三寸，厚六寸。舵夹板四长一丈一尺，阔七寸，厚五寸。

仙人桩二长五尺，厚五寸。仙桥锁伏板二十长四尺，阔一尺，厚二寸。

孟头锁伏板四长四尺，阔一尺，厚一寸八分。中路锁伏板二十长六尺，阔一尺，厚一寸八分。

披水板二长一丈，阔一尺一寸，厚二寸。编舵板九长三尺五寸，阔一尺一寸，厚二寸。

橹梭六长五尺六寸，厚三寸。橹跳板四长六尺，阔七寸，厚二寸。

脚跳板二

以上卷查楠木并板共折算楠木　十　根。杉木　根围三尺，长三丈。有旧料减三分。

橹四张杉木二根围二尺五寸，长二丈五尺。头桅杉木一根围二尺五寸，长二丈五尺。

大桅杉木一根围四尺五寸，长五丈五尺。舵杆榆木一根围三尺，长一丈八尺。

杉槁木十根围七寸，长二丈。

舵牙关门棒檀木二根围一尺五寸，长一丈八尺。

旗哨招杆杉条三根围一尺，长二丈。水戗杂木二根围一尺，长二丈。

宝珠胡芦桅饼玲珰檀木一段，围二尺五寸，长四尺。白杨一段，围二尺五寸，长四尺。

火柜柱八二根，长九尺。六根，长六尺，方四寸二分。腰枋六二根，长一丈。四根，长六尺，方四寸。

顺箍地脚枋四长二丈二尺，阔六寸，厚五寸。横顺地脚八长九尺，阔五寸，厚四寸。

上下裙板、前后照面枋四槽共阔七丈六尺，长四尺五寸，厚六分。

平卷楼柱四长六尺，方四寸二分。箍头地脚枋八长一丈，阔五寸，厚四寸。

长楼柱六长八尺，见方四寸五分。过梁三长一丈，阔五寸，厚四寸五分。

挂枋二长二丈二尺，阔四寸五分，厚二寸。柱三十六长二尺五寸，阔三寸，厚二寸。

长槅八扇长四尺五寸，阔一尺八寸。短槅四十扇长二尺五寸，阔一尺六寸。

两篛板四十长二尺八寸，阔一尺七寸，厚六分。麻力板十二空阔三尺二寸，长三尺，厚六分。

平门五扇阔一尺八寸，长五尺。地平二十四扇长四尺，阔二尺六寸。

麻力槽枋并挨地平枋六十根长四尺，阔三寸，厚二寸。

稍亭柱四长七尺，方五寸。箍头枋八长一丈，阔四寸，厚二寸。

角梁押缝八长九尺，方四寸五分。阑杆四根长二丈二尺，方三寸。

角云四　受带　花板

御仗一对　御仗架一　金架一　扶梯四

以上共杉木　根围二尺五寸，长三丈。有旧料减三分。

油艌身底桐油四百十二斤，黄麻四百十二斤，石灰八百二十五斤。

铁器千斤四个，上马圈二，篙钻十个，橹脚环四，箍头圈一，累梁圈八，挡众圈一副。攀头二条，长七尺，重十二斤。金架钩一副。万字锏六十，重十五斤。稍亭插肖五。拐棒锏四十，重二十斤。老鹳嘴五十副，旗柜戽斗小钉五十个，累梁倒环二副，大槅摆锡小炮钉二千四百，大小铁钉，小槅摆锡小炮钉共八千。

风蓬二扇青笙竹一百根，芦柴五十束，棕毛二十五斤，黄藤五十斤。

系水二　牵簟一　八披二青水竹一千根。

稍亭篾簟九扇青笙竹七十根，毛竹七根，黄藤十斤。

棕毛顶缆二　系水二　吊舵一　度肄一共棕毛五百斤。

麻旗线索二　都管二　纤簟一　肄索二共白麻二百五十五斤。

黄绢旗一号带一。青布帏二　青布亭衣一阔白绵布七匹，青丝线五钱，黄生官绢二匹一丈八尺，黄丝线二钱，槐花五两，明矾八两，苏木四两，靛青二十斤。

红缨头一红鹿皮一分五厘，生狰水牛皮一分五厘，茜红火把缨二斤，金枪头，金葫芦。

鼓一面　铜铰黄熟铜一斤五两。钉槅蜊壳六十四斤。

油画桐油二十五斤，银朱四斤，二朱四斤，番朱八两，红土三斤，三碌一斤，石黄七斤，枝条碌一斤，藤黄二两，靛花青三两。黄丹一斤，密陀僧四两，墨煤二斤，光粉十一斤，水胶四斤。

贴金金箔十贴，熟漆五两。

本船诸料该价银　百　十　两　钱　分　厘　毫。有旧料减三分。实该银　百　十　两　钱　分　厘。

工食银　十　两　钱　分　厘　毫。

小黄船　匾浅黄船同

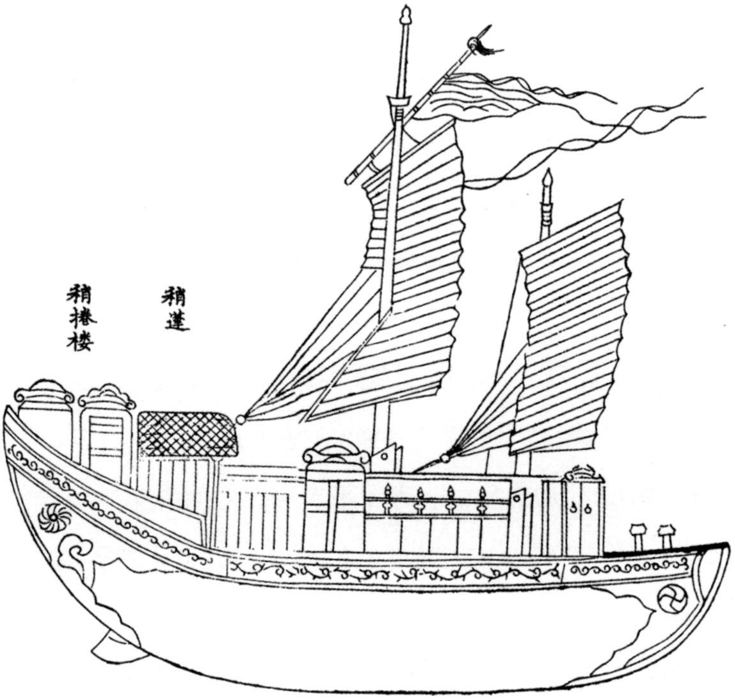

啓按：黄船而曰小、曰匾浅者，取其小且轻也。小且轻则式与法俱杀矣。覆板去、稍亭去、虚庲去、雕銮去、绘画去。唯设色之黄与大船同耳。究其政，供太常之进。太常之进有八，皆宗庙之时鲜。圣祖之定额，厥牲唯子鹅；厥果唯梅、梨、橙、柑、甘蔗；厥蔬惟鲜笋、茭白、馨香是荐，昭假不违。是以御膳之器，每劳裁节，而此则惟正之供者，翼如也。菲饮食而致孝乎鬼神，斯孔子曰：吾无间然。

头仓长五尺。二仓长四尺。

三仓至五仓长四尺五寸。桅后平楼仓、六仓长四尺。

卷楼仓第七，长四尺五寸。官仓第八、九，长三尺。

官仓第十、十一，长二尺五寸。私仓第十二、十三，各长三尺。

稍后仓第十四、十五，各长四尺五寸。

虚头长一丈二尺。虚梢长一丈四尺。

共长八丈三尺，阔一丈六尺四寸。

正底十一路长五丈七尺五寸，阔一尺二寸，厚二寸二分。帮底二路长五丈八尺，厚二寸，阔一尺一寸。

拖泥二路长五丈九尺，阔一尺一寸，厚二寸。出水栈二路长六丈三尺，厚二寸，阔一尺一寸。

中栈二路长六丈八尺，厚二寸二分，阔一尺二寸。完口栈二路长七丈五尺，厚二寸，阔一尺一寸。

出脚二路长八丈三尺五寸，厚二寸五分，阔一尺二寸。厫堂六长六丈，阔一尺一寸，厚二寸。

插找左右四块长一丈五尺，厚二寸，阔一尺四寸。侧口二长二丈五尺，阔一尺四寸，厚二寸。

火柜里口长二丈五尺，阔五寸，厚二寸。千斤板二长二丈，阔一尺一寸，厚二寸。

庚木二路长八丈三尺五寸，阔六寸，厚三寸五分。伏狮头一长一丈一尺，围三尺五寸。

稍伏狮一长一丈，围三尺。将军面梁一阔一尺一寸，厚二寸五分。

大桅面梁一长一丈五尺，厚六寸，阔一尺四寸。小桅面梁一长一丈二尺，阔一尺二寸，厚五寸。

梁十六座每座用板五块，各长一丈三尺，阔二尺，厚二寸。上下舵巾二长一丈三尺，厚二寸五分，阔一尺一寸。

关头板十长一丈五寸，阔一尺二寸，厚二寸五分。关梢板七长一丈，阔二尺，厚二寸。

灶门梁花板四长九尺，厚二寸，阔一尺二寸。挽脚梁一长一丈三尺，厚三寸，阔二尺四寸。

铺头板四长一丈一尺，厚二寸，阔一尺二寸。铺梢板七长一丈三尺五寸，阔一尺四寸，厚一寸八分。

左右土墙二路长二丈五尺，阔二尺五寸，厚一寸八分。土墙平盘二路长二丈五尺，阔六寸，厚一寸八分。

罗框平盘四路长八丈三尺五寸，阔六寸，厚一寸八分。拿狮二块长一丈八尺，阔七寸，厚五寸。

龙骨四路长五丈七尺，阔七寸，厚三寸五分。草鞋底二块长二丈，厚二寸，阔一尺。

平楼顶板五长七尺五寸，阔九寸，厚二寸。长楼顶板七长二丈四尺，阔一尺二寸，厚二寸。

卷楼顶板五长七尺五寸，阔九寸，厚二寸。稍楼顶板十一长九尺，厚二寸，阔一尺。

火柜仙桥二路长二丈三尺，厚二寸，阔一尺三寸。长楼老鼠桥四长二丈四尺，阔四寸，厚一寸八分。

大桅夹二长一丈四尺，厚二寸五分，阔一尺三寸。小桅夹二长九尺，厚二寸五分，阔九寸。

将军柱二长七尺，围三尺五寸。大小帆柏二共长六尺，厚三寸，阔一尺二寸。

锁伏十四块长六尺，阔一尺一寸，厚一寸八分。中路锁伏十五长六尺，阔九寸，厚一寸八分。

盂头锁伏三长四尺，阔一尺一寸，厚一寸八分。稍后仓锁伏八长五尺，厚一寸八分，阔一尺。

披水板二长一丈，阔一尺二寸，厚二寸五分。橹跳板四长六尺，阔六寸，厚二寸五分。

橹梭四长五尺，厚五寸，阔五寸。舵编板四　脚跳板二

以上共用楠木连二、三板枋共折楠木　十　根。杉木　根围二尺，长三尺。有旧料减三分。

大桅杉木一根围三尺三寸，长四丈五尺。小桅杉木一根围二尺五寸，长二丈

五尺。

蓬秤杆四围一尺，长二丈。橹四张杉木二根围二尺五寸，长二丈五尺。

水戗杂木一根围一尺，长二丈。杉槁木十根围七寸，长二丈。

舵杆榆木一根围二尺五寸，长二丈八尺。舵牙关门棒檀木二根围一尺，长一丈。

旗哨招干杉木二根围一尺，长二丈。

桅饼玲珰仙人掌檀木一段，围一尺八寸，长四尺三寸。白杨木一段，围一尺八寸，长三尺。

火柜柱十长八尺五寸，方四寸。腰枋七长四尺五寸，方四寸。

两篛并照面土空阔四丈，长七尺，厚七分。挂枋二

平卷楼柱六长一丈，阔六寸，厚五寸。长槅八扇长四尺五寸，阔二尺。

顺箍枋二长一丈三尺，阔五寸，厚三寸。横顺过梁地脚枋六长九尺，阔五寸，厚三寸。

长楼柱二长八尺，方四寸。过梁一

间枋三十长二尺八寸，阔三寸，厚二寸。前后挂枋六长二丈二尺，阔四寸，厚二寸五分。

抱柱十二长六尺，阔三寸，厚二寸。短槅十八扇长二尺八寸，阔一尺七寸。

两篛板十八各长三尺，阔一尺八寸，厚七分。平门十二扇长六尺，阔一尺九寸。

地平二十四扇长四尺，阔二尺四寸。

梢篷柱十长六尺五寸，方四寸。过梁一长一丈三尺，阔七寸，厚五寸。

腰枋五长五尺，阔三寸，厚二寸。披水板八共阔三丈，各长三尺，厚七寸。

扶梯一张　受带三十四条　长短花板十四块

以上共用杉木连二板枋　块阔一尺二寸，厚五寸，长一丈四尺。楠木　根围三尺，长三丈。有旧料减三分。

油舱身底桐油二百斤，黄麻二百斤，石灰四百斤。

铁器千斤四个，上马圈二，橹脚环四，累梁倒环二副，箍头圈一，旗柜戽斗小

钉五十，大小铁钉。攀头二条，长七尺，重十二斤。累梁圈八。拐棒锎四十，重二十斤。挡众圈一副。万字锎六十，重十五斤。金架钩一副，摆锡小炮钉五千二百。

风蓬二扇青筀竹一百根，黄藤四十斤，棕毛三十斤，芦柴五十束。

纤簟一　系水二青水竹四百四十根。

棕顶缆一　系水二　吊舵一　度繂一棕毛二百五十斤。

麻繂索二　都管二　纤簟一　旗线索一黄麻二百斤。

黄绢旗一号带一。黄熟官绢一匹，黄丝线五钱。

红缨一茜红火把缨一斤，生挣水牛皮一分，红鹿皮一分。

油画桐油十斤，银朱二斤四两，靛花青二两，石黄六斤，光粉三斤，番朱一斤，藤黄二两，墨煤二斤，黄丹一斤，水胶三斤，二朱二斤，密陀僧六两，三碌一斤，枝条碌一斤。

鼓一面　钉槅蜊壳五十六斤，摆锡炮钉二百。贴金金箔二贴。葫芦金贴。

本船诸料该价银　百　十　两　钱　分　厘　毫。有旧料减三分。实该银　百　十　两　钱　分　厘　毫。

工食银　十　两　钱　分。

此系二百料船数，其下有一百五十料、一百二十料、一百料、九十五料、八十五料，凡五等，当以渐减杀。

战巡船图数之二

《诗》曰：江汉浮浮，武夫滔滔。水之有战，周宣始之。夫宣王中兴，淮夷丑类，犹介中国之间，此固不容不用武以殄灭夫类也。今兹一统，四夷来王，守在边陲，善则善矣。顾以江淮内地，尚勤府库以虚战船之备，何哉？盖以留都根本重地，东连海岱，西控荆巴，南襟闽越，北枕青徐，天下之腹心，王业之镐京也。小有震惊，则四肢百骸之所从，而谓安不忘危者，肯为小费惜哉。是故二百年来，岁为战巡船费者，不下万计。制无不备，法无不取。如吴曰艅艎，汉曰楼船、戈船，孙权曰艨冲、斗舰，王濬曰大船、连舫，隋曰五牙舰，韩世忠曰海船，虞允文曰海鳍，以至海鹘、舴艋、走舸、游艇、飞云、飞虎、飞鸟、飞江、苍隼、野猪、指南、先登之类。虽人各创新，代非沿故，会今全盛，酌准以时，是以其为有事之备也。曰战座船、二百料战船、一百五十料战船、一百料战船、三板、划船。其为无事之习也，曰巡座船、巡沙船、一颗印巡船、九江哨船、安庆哨船、大胜关哨船、轻浅利便船。盖战船者，斗舰之遗。哨船者，游艇之变也。因革相仍，法象兼举，比而观之，樯乌列阵，江汉方池，孰不谓有备无患。所以待天下之变者周而不知，潜销默慑。其寝天下之谋者，弘矣。远略訏谟，诚九鼎铸而神奸惧。夫岂徒曰修武云乎哉。体制攸存，统纪无次，敬图而述之，以昭经制之盛。

四百料战座船

啓按：战船曰座，即边营陆寨之帅幕也。号令之所以整齐者是，经略之所以指示者是，威灵之所以震耀者是，窥伺之所以寝息者是，规制其可以简陋乎哉！是故桅标大纛，屯营以准；稍翼方亭，远敌以觇；舲舟中敞，帷幄以尊；樯雉外周，矢石以捍；艟艇齿列，驰骤以腾；浪板掌铺，奔突以便；弩穴矛窗，攻击以利。要其律式，殆楼船之轨范，与夫楼船之为器也。大而雄、坚而利，用之驱浪乘飙，正犹沧溟鲸运波涛，驾旋转之威；霄汉鹏抟风云，鼓扶摇之势，有不战而先夺人之心者矣。此自古迄今所不能改。稽其尺度，颇为适宜，过此恐难为驭。善阵者，毋令越其制云。

头仓长五尺五寸。二仓长四尺六寸。

三仓长三尺五寸。四仓长二尺六寸。

五仓长六尺五寸。六仓长五尺二寸。

七仓官楼长三尺六寸。八仓官楼长三尺五寸。

九仓官楼长三尺六寸。十仓官楼长三尺一寸。

十一仓长四尺二寸。十二仓长四尺二寸。

十三夹节仓长四尺五寸。十四座八尺仓长五尺五寸。

虚头仓长一丈一尺三寸。虚梢长一丈五尺五寸。

共长八丈六尺九寸，阔一丈七尺。

正底十三路长六丈五尺五寸，阔一尺三寸，厚三寸。左右帮底二路长六丈七尺，厚二寸五分，阔一尺二寸。

左右拖泥二路长六丈八尺五寸，阔一尺三寸，厚二寸五分。左右出水栈二路长六丈九尺，厚二寸五分，阔一尺三寸。

左右插找二路长三丈，阔一尺三寸，厚二寸。左右出脚二路长九尺三寸，厚二寸五分，阔一尺二寸。

左右中栈二路长七尺，阔二尺五寸，厚二寸二分。左右完口栈二路长七丈九尺，厚二寸，阔一尺三寸。

左右厰堂二路长七丈五尺，厚二寸，阔一尺一寸。左右罗框平盘四路长九丈二尺，阔九寸，厚二寸。

左右侧口二块长二丈五尺，阔一尺四寸，厚三寸。左右里口二路长七丈，厚五寸，阔一尺。

左右庡木二路长九丈三寸，阔七寸，厚五寸。关头板十块长一丈二尺，厚二寸五分，阔一尺三寸。

关梢板十块长一丈，厚二寸，阔一尺。铺头板六长一丈一尺，厚二寸，阔一尺三寸。

累梁二根长一丈五尺，阔六寸，厚五寸。左右土墙二路长三丈，厚一寸五分，阔四尺。

左右土墙庡木平盘四路长三丈五尺，阔六寸，厚二寸。将军柱四个长七尺，围三尺五寸。

伏狮头一长一丈四尺，围三尺五寸。长楼顶板九长三丈，厚二寸，阔一尺二寸。

卷楼顶板七长一丈，厚一寸八分，阔一尺三寸。左右平盘四长一丈，厚二寸八分，阔一尺。

火柜顶板七长三丈，厚一寸八分，阔一尺三寸。老鼠桥前后八块长三尺二寸，阔五寸，厚二寸。

日晒横枋四根长二丈五尺，阔七寸，厚一寸五分。火柜横枋四块长二丈五尺，阔七寸，厚五寸。

火炬中路锁伏二十长七尺，厚一寸五分，阔一尺五寸。孟头锁伏板八长六尺，厚二寸，阔一尺。

橹跳板十六长七尺，厚二寸，阔九寸。大桅夹二长一丈六尺，厚二寸五分，阔一尺四寸。

小桅夹二长九尺，厚二寸，阔一尺。面梁一长一丈七尺，阔一尺四寸，厚六寸。

小面梁一长一丈三尺，阔一尺三寸，厚五寸。梢头顶板五块长一丈二尺，阔一尺，厚一寸八分。

上下舵巾板二长一丈二尺，厚三寸，阔一尺三寸。车关、车耳长八尺，厚五寸，阔一尺。

灶门梁花板三长一丈二尺，厚一寸八分，阔一尺二寸。挽脚梁一长一丈五尺，厚四寸，阔一尺四寸。

大小帆柏二长九尺，阔一尺三寸，厚五寸。橹印子十六个长二尺五寸，阔六寸，厚一寸五分。

橹梭十六个长五尺，厚二寸，阔五寸。一字梁一长一丈二尺，阔六寸，厚三寸五分。

左右顺擦板二长五尺，厚一寸八分，阔五寸。前后护腮四长五尺，厚一寸五分，阔一尺。

各仓梁头十七座每座用板五块，厚一寸五分，长一丈五尺，阔一尺二寸。

舵夹板四块长一丈二尺，阔六寸，厚二寸。护损八个长三尺，厚一寸五分，阔一尺。

左右狗脑十四长四尺，厚三寸，阔八寸。挑梁四根围三尺五寸，长二丈五尺。

左右顺水二路长四丈五尺，阔九寸，厚三寸五分。龙骨四路长六丈五尺，阔六寸，厚五寸。

磨旗板六块长四丈五尺，厚二寸，阔一尺二寸。编舵板九长四尺，厚二寸，阔一尺二寸。

以上用楠木并板枋折楠木　十　根围四尺，长三丈。杉木　十　根　分　厘围三尺五寸，长三丈五尺。有旧料减三分。

左右板、浪槽、日晒、跳板、铺仓等，松木九根五分围四尺四寸，长一丈四尺。有旧料减三分。

橹十六张杉木八根围二尺五寸，长二丈五尺。舵杆榆木一根围三尺，长二丈。

杉槁木十六根围七寸，长二丈五尺。头桅杉木一根围三尺五寸，长四丈五尺。

大桅杉木一围四尺五寸，长五丈五尺。招杆杉木一围一尺五寸，长二丈。

杉条木篷秤杠四围二尺，长二丈。杂木水戗一根围一尺，长二丈。

檀木舵牙关门棒二围一尺，长一丈五尺。五方旗大旗杆十六。

装修火柜柱子八长六尺，见方四寸。

顺地脚箍头樱枋六根各长一丈八尺，阔五寸，厚四寸。

横箍头地脚五根长九尺，阔五尺，厚四寸。左右裙板共阔四丈六尺长三尺，厚七分。

照面装板三槽长五尺，阔八尺五寸，厚七分。平卷楼柱四长六尺，见方四寸。

箍头地脚枋十二长九尺，阔五寸，厚四寸。抱柱枋十四根长五尺，阔三寸，厚二寸。

长楼柱六根长八尺五寸，见方四寸五分。过梁三根长九尺，阔五寸，厚四寸。

间柱三十四长二尺八寸，阔三寸，厚二寸。挂枋二根长二丈，阔四寸，厚二寸。

地平二十扇长四尺五寸，阔二尺八寸。

挨地平枋、麻力槽枋六十长四尺五寸，阔三尺，厚二寸。

麻力板十二空每空阔四尺五寸，长四尺，厚七分。长槅子十六扇长五尺，阔一尺九寸。

短槅子四十二扇长二尺五寸，阔一尺七寸。两簻板四十二块长二尺八寸，阔一尺八寸。

房仓屏门四扇长五尺，阔一尺九寸。

稍亭柱子六根长七尺五寸，见方六寸。左右装板二路阔二丈六尺，高二尺六寸，厚五分。

横顺箍头地脚枋十二长一丈，阔四寸，厚二寸五分。

角梁押缝椽枋十二长九尺，见方四寸。幔顶板四空阔二丈四尺，长八尺，厚七分。

左右上下琵琶阑干二十四长八尺五寸，高二尺八寸。

阑干长柱子十四长七尺五寸，见方四寸。过枋十四根长八尺五寸，阔四寸，厚二寸。

净瓶短柱十六长三尺五寸，方三寸。神龛一座

角云四个　受带三十四　长短花板十六

戽斗一个　五方旗架一座　鼓架一座

扶梯七张　旗柜一个　铳杆三个

榔头一个

器用座柜床面一张长九尺，高三尺，上面铺板，阔九尺，长二尺五寸，厚七寸。

衣架一座　面架一座　水桶一只　吊桶一个

浴盆、面盆各一个　坐桶、抬桶、净桶各一只

以上共用杉木连二枋　十　块　分长一丈四尺，阔二尺二寸。杉木　十　根　分围二尺五寸，长二丈五尺。楠木一根四分围三尺，长一丈八尺。有旧料减三分。

油艌船身底桐油七百斤，黄麻七百斤，石灰一千四百斤。

油饰彩画三碌一斤，合碌一斤，靛花青三两，铜青六两，藤黄二两，银朱二斤，光粉廿三斤，墨煤十二斤，水胶十二斤，黄丹三斤，桐油一百斤，蜜陀僧四两，瓦灰二斗，白面十斤，红土二十斤。

风篷二扇青笙竹四百根，黄藤五十斤，棕毛八十斤。

牵篷系水二条青水竹七百根。竹挽二　鼓盖一

棕猫顶缆四条，抱桅二副，橹绷十六条，系水二条，篷脚索　条，度絆三条，共用棕毛七百七十斤。

麻箍头一条，游篷索二条，都管二条，走二三条，旗索二条，迎篷　条，铳篷索二条。共用黄麻二百四十斤，白麻三十斤。

黄绢旗一面红黄号带一条。黄布旗一面蓝号带一条。

五方绢布旗十四面蓝号带一条。放铳旗一面　发放旗二面

催橹黄绢旗二面　神龛黄绢帐一顶　轿衣一领青布。

共用白绵布十五匹一丈七尺，黄丝线七钱，黄生官绢七匹，青丝线一两。

染槐花一斤，明矾一斤，挽缸灰二十斤，靛青二十斤，五棓子一斤，苏木二两。

大红缨三个　黑缨三个　五方红缨并旗

共用生狰水牛皮、红鹿皮、白麻线六两，红缨十二斤，黑缨十二斤。

鼓一面生血水牛皮一张，樟木一段，围三尺、长五尺，花锡一斤，猪油一斤，盖一个。

钉槅蝌壳七十二斤，猫竹二根。

铁钉事件大小铁钉一千四百斤。铁攀头二条，长七尺，阔四寸，十二斤。轿顶云头插肖四根，官仓铁叶子吊六副，梢后圣堂曲须五副，阑干老鹳嘴四十副，麻骨钉四十个，橹架铁圈八个，橹脚环十四个，橹千斤十四个，铁篙钻十六个。舵搭脑一条，长七尺，阔四寸。舵杆箍一道，鼓架钩四副，跳板圈四个，官仓地平圈八个，铁挽子二把，旗柜厍斗小钉七十个，五方旗钻二十四个，桅倒环一副，梢亭用小钉一千。拐棒锎七十个，重三十五斤。万字锎八十个，重二十斤。槅子五十八扇，内大十六扇，每扇用摆锡蝌壳炮钉三百五十个，共五千六百个。小槅子四十二扇，每扇用摆锡蝌壳

钉二百个，共八千四百个。

桅饼、玲珰　稍亭宝珠一

缨顶葫芦十四个　宝珠十四共檀木……，共白杨……。

本船诸料共该银　百　十　两　钱　分　厘　毫。内如有旧料，三分扣除。实该银　百　十　两　钱　分　厘　毫。

工食银　十　两　钱。

二百料战船图

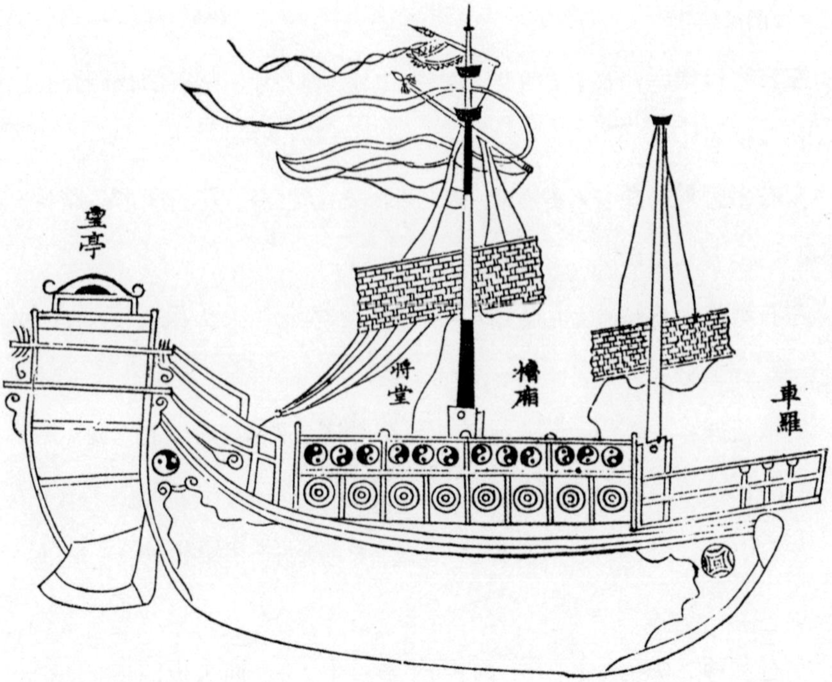

啓按：船之二百料，其名曰舠，即而饰之以为战船，奚侈奚隘哉。于稽其式，靡器不举。首设车罗，拍竿之刺也。庚列女墙，路桡之蔽也。櫓孔两掣，飞江之迅也。望楼稍耸，飞云之峻也。将台中尊，白堊外赍，艨艟之家法也。制周而法精，势雄而威重，诸船之利孰是逾焉。嗟乎，戎器之设待不虞也。苟用其器者，知重其器，而必讲求所以善之，以无负于其器。斯为器之利也，否则不几于虚器也乎。

头仓长四尺三寸。二仓至八仓各长四尺二寸。

九仓、十仓各长四尺七寸五分。

提头空仓长八尺九寸。稍尾一丈。

共长六丈二尺一寸，阔一丈三尺四寸。

正底十一路长四丈五尺五寸，阔九寸，厚二寸二分。左右帮底二路长四丈四尺五寸，阔一尺二寸，厚二寸一分。

左右拖泥二路长四丈六尺，阔一尺，厚二寸。左右出水栈板二路长四丈八尺，厚二寸，阔尺三寸。

左右完口栈二路长五丈四尺，阔一尺二寸，厚二寸。左右插找四路长二丈，厚二寸，阔八寸。

左右出脚板二路长六丈三尺，阔七寸，厚二寸二分。左右庲木二路长六丈二尺，阔六寸，厚三寸五分。

左右厰堂板六长四丈九尺，阔一尺二寸，厚二寸。关头板七长八尺，阔一尺二寸，厚二寸二分。

关梢板四长七尺，厚二寸，阔一尺。草鞋底二路长一丈五尺，阔八寸，厚一寸八分。

左右中栈二路长五丈二尺，厚二寸，阔一尺三寸。一字梁板一长七尺，厚五寸，阔六寸。

左右拿狮二块长一丈七尺，阔五寸，厚三寸二分。铺头板四长七尺五寸，阔一尺，厚二寸。

铺梢板六长八尺，厚二寸，阔一寸。前后锁伏板十三长四尺，阔一尺二寸，厚二寸。

上下舵巾板二长九尺五寸，阔一尺，厚二寸五分。伏狮头一个长一丈一尺，围三尺五寸。

将军柱四长六尺，阔三尺。左右土墙柱子二根长五尺，方厚各五寸。

挑梁四根围三尺，长一丈八尺。左右顺水二路长二尺二寸，阔七寸，厚三寸五分。

左右八字板四长四尺，阔七寸，厚三寸五分。左右千斤板四长一丈三尺，阔七寸，厚二寸。

橹跳板四长七尺，厚二寸，阔七寸。面梁一长一丈二尺八寸，阔一尺三寸，厚五寸。

小面梁一长一丈，阔一尺二寸，厚五寸。帆柏二长七尺，阔一尺二寸，厚四寸。

大桅夹板二长一丈三尺，厚五寸，阔一尺二寸。小桅夹板二块长八尺，厚二寸，阔一尺。

车关、车耳共长六尺，厚五寸，阔一尺。橹梭十二个长五尺，厚三分，阔四寸。

橹印子十二个每个长一尺五寸，厚一寸五分。护损八个长二尺，厚一寸五分，阔七寸。

篷架四座每座用板八尺，阔三寸，厚三寸。左右稍土墙二路长二丈五尺，厚寸八分，阔二尺七寸。

梢楼左右土墙二路长七尺，厚一寸五分，阔一尺五寸。

顶板七长七尺，厚一寸五分，阔九寸。横梢板三长六尺，厚一寸四分，阔三寸。

左右顺擦板二长七尺，厚一寸五分，阔七寸。橹架四座用板六块，长五尺，厚一寸四分，阔三寸。

虾须板三长八尺，厚一寸五分，阔六寸。车罗枋九长一丈四尺，阔五寸，厚四寸。

天篷板一　座顶板十二长三尺三寸，厚一寸五分，阔一尺一寸。

车罗铺头板三长六尺五寸，阔一尺一寸八分，厚二寸。龙骨二路长三丈三尺，阔五寸，厚四寸。

各仓梁头十一座每座用板四块，长一丈一尺，阔一尺二寸一分。

编舵板四块

以上共用楠木　十　根　分围三尺，长三丈。杉木一十一根围三尺，长三丈。松木一十根围三尺五寸，长二丈五尺。有旧料减三分。

头桅杉木一根围二尺五寸，长二丈五尺。大桅杉木一根围三尺五寸，长四丈五尺。

橹十二杉木六根围二尺五寸，长二丈五尺。榆木舵杆一根围三尺，长一丈八尺。

檀木舵牙关门棒二围一尺，长二丈。杂木水戗二根围一尺，长二丈。

杉条木旗哨招杆三围一尺，长二丈。杉槁木一十根围七寸，长二丈。

装修长柱子十四长九尺五寸，见方四寸。短柱子二十二长六尺，见方四寸。

左右平盘挂枋八长一丈一尺，阔七寸，厚一寸七分。过梁九根长二丈二尺，阔六寸五分，厚四寸。

地脚抱柱枋八内四各长八尺，四各长三尺，阔四寸，厚三寸。

橹厢门四十扇长五尺五寸，阔二尺六寸。门橧四十扇长一尺三寸，阔三寸，厚一寸七分。

槅子四扇长五尺，阔二尺。座床面一长八尺，高二尺三寸。上面铺板，阔八尺，长二尺，厚七分。

敌台板十长八尺，阔八寸，厚八分。柱子十根长一尺五寸，见方四寸。

枋十二根长一丈八尺，阔三寸五分，厚二寸。转更楼一座

铳架一座　铳杆三根　枪架四座　木枪挡扒二十五根

扶梯二张　鼓架一座　旗柜一个　五方旗杆五根

望斗一座　脚跳板二块　榔头一把　水撅二个

戽斗一个　吊桶一个　水桶一只　上下铺仓板

水牌一面　水挽一只

以上共用杉木　十　根围二尺五寸，长二丈五尺。杉木连二枋　块长一丈四尺，阔一尺二寸。有旧料减三分。

油舱桐油三百斤，黄麻三百斤，石灰五百斤。

油饰彩画桐油三十五斤，黄丹二斤，蜜陀僧八两，三碌一斤，合碌一斤，靛花青二两，银朱一斤，二朱二斤，藤黄三两，水胶六斤，光粉四斤，墨煤四斤，番朱三斤，土红五斤，石灰三十斤，糯米八升。

风篷二青笙竹二百六十根，黄藤三十五斤，棕毛五十斤。杉条篷秤杠四根，各围一尺，长一丈。

纤簟系水各一条青水竹三百四十根。竹挽二

棕猫缆二条，系水二条，吊舵一条，度繂二条，顶缆二条，橹绷十三条，共用棕毛四百五十斤。

麻都管索三条，铳篷索二条，旗线索二条，簟索一条，綷索二条，减篷索二条。

共用黄麻一百斤，白麻二十斤。

鼓一面

钉槅蛸壳八斤，毛竹五分。

旗二面号带二条。五方旗五面　青布斗衣

共用白绵布九匹，黄绿线一两，青丝线五钱。

染槐花一斤，苏木六两，明矾八两，靛花青二十斤，挽缸灰十斤。

缨头二个黑缨二斤，白麻线二两，生狰水牛皮一分，红鹿皮一分。

玲珰、桅饼等项用檀木一段，围二尺五寸，长六尺。白杨木一段，围二尺五寸，长五尺。

铁钉浮动什物大小铁钉四百七十斤。铁攀头二条，重六斤。铁挽子二把，重一斤。篙钻八个，重二斤。橹脚环四个，重一斤。拐棒锔十二斤，万字锔十斤。

本船诸料共该银　百　十　两　钱　分　厘　毫。内如有旧木、钉，三分扣除。实该银……。

工食银　十　两。

一百五十料战船

嵤按：兵无常形，阵无定法，故子胥尝以船军之教，比陆军之法。谓大翼者，当陆军之车；小翼者，当轻车；突冒者，当冲车；楼船者，当行车。由是而观，则知战船有体大小，不得一律而齐也。是船虽杀而差小，所少者，将台、望亭、车罗耳。其他捍蔽之具，犹无不修。且备也，偏裨乘之为先锋、为后殿、为左犄、为右角。呜呼，弗良谓之小翼可也，谓之突冒可也。

头仓至十仓各长三尺八寸。

虚头长六尺九寸。虚梢长九尺五寸。

共长五丈四尺四寸，阔一丈六尺。

正底九路长三丈八尺五寸，阔九寸，厚二寸三分。

左右帮底拖泥共四路长四丈一尺，阔一尺，厚二寸。

左右出水栈二路长四丈二尺，阔一尺一寸，厚一寸七分。

左右中栈二路长四丈五尺，厚一寸七分，阔一尺二寸。左右完口栈二路长四丈八尺，阔一尺，厚一寸七分。

左右插找四路长一丈五尺，阔八寸，厚一寸七分。左右出脚板二路长五丈四尺四，阔七寸，厚一寸七分。

左右厰堂四块各长四丈，厚一寸七分，阔一尺。左右侧口二路长四丈，厚二寸，阔五寸。

左右康木二路长五丈四尺四寸，阔五寸，厚四寸。关头板六块长七尺，厚二寸，阔一尺。

铺头板三块长七尺，厚二寸，阔一尺。将军柱面梁一长七尺五寸，阔八寸五分，厚三寸。

关梢板四块长七尺，厚一寸七分，阔一尺。左右土墙二路长二丈二尺，厚一寸五分，阔一尺五寸。

铺梢板六块长七尺五寸，阔一尺，厚一寸五分。上下舵巾板二块长八尺，厚二寸，阔一尺。

草鞋底二路长一丈三尺，阔八寸，厚一寸。梢楼顶板八块长七尺，厚一寸七分，阔一尺一寸。

左右拿狮二路长三丈五尺，阔五寸，厚三寸。线梁三块长八尺，厚二寸，阔八寸。

橹梭六个长五尺，厚三寸，阔四寸。灶门梁板二块长七尺，阔七寸，厚一寸。

天篷顶板四路长三丈二尺，厚一寸六分，阔一尺二寸。橹跳板六块长六尺，厚二寸，阔七寸。

桅夹板四块长八尺，厚二寸一分，阔一尺。编舵板六块长三尺，厚一寸五分，阔一尺。

舵夹板四块长六尺五寸，厚二寸。帆柏二块长三尺，厚五寸，阔一尺。

大小面梁二块长九尺，阔一尺二寸，厚二寸。前后锁伏板九块长三尺，厚一寸五分，阔一尺。

各仓梁头十二座每座四块，长九尺，阔九寸，厚一寸八分。

橹印子六个长三尺，厚一寸五分。车关、车耳三块长六尺，厚二寸。

将军柱二个长五尺五寸，围三尺。梢伏狮一个长七尺，围三尺。

伏狮头一个长八尺，围三尺。龙骨二路四块长二丈，阔七寸，厚四寸。

以上共用楠木并折板枋　十　根　分围三尺，长三丈。杉木八根九分围二尺五寸，长二丈五尺。有旧料减三分。

杉木大桅一根围三尺，长三丈五尺。杉木头桅一根围二尺五寸，长二丈五尺。

橹六张杉木四根围二尺五寸，长二丈五尺。榆木舵杆一根围三尺，长一丈八尺。

檀木舵牙关棒一根围一尺，长一丈五尺。杂木水戗二根围七寸，长二丈。

篷秤杆旗哨招杆七根围一尺，长二丈。杉槁木六根围七寸，长二丈。

装修官楼柱子十根长七尺，见方四寸。挂枋四根长一丈八尺，阔四寸五分，厚二寸。

门八扇长九尺，阔三尺五寸。照面枋一槽长三尺五寸，阔四尺，厚七寸。

敌台枋四根长一丈八尺，阔三寸五分，厚二寸。敌台短枋二根长四尺，阔三寸五分，厚二寸。

短柱子六根长八尺，阔三寸五分，厚二寸。梢柱子二根长六尺，见方四寸。

抱柱枋二根长五尺，阔三寸五分，厚二寸。上下柱五根长五尺，阔三寸五分，厚二寸。

敌台板四块长九尺，阔五寸，厚七分。左右装板二槽阔七尺，厚七分，长三丈。

槅子四扇长五尺，阔一尺九寸。座柜床面一张长八尺，高二尺二寸。

上面铺板阔八尺，长二丈，厚七分。云头板二块长九尺八寸，厚一寸四分。

枪架二座　木枪挡扒十　鼓架一座　铳架一座

水挽二　铳杆三根　扶梯一张　旗柜一个

榔头一　水枧、水橛二根　跳板二

水吊桶一　戽斗一　铺仓板

以上共用杉木　根围二尺五寸，长二丈五尺。杉木连二枋　块长一丈四尺，阔一尺二寸。有旧料减三分。

铁器大小钉四百二十斤。篙钻六个，重一斤八两。橹脚环六个，一斤八两。挽子二，重一斤。拐棒锔八个，万字锔七个，蛎壳小炮钉八两，门圈一副。

油舱桐油二百五十斤，黄麻二百五十斤，石灰五百斤。

缆索棕六件，棕毛三百七十五斤，麻七件，黄麻八十斤。

风篷二青筀竹二百五十根，棕毛三十斤，黄藤三十斤。

纤簟系水各一条青水竹三百二十根。竹挽二条

油饰彩画桐油廿七斤，黄丹二斤，三碌一斤，银朱一斤，二朱二斤，番朱二斤，靛花青二两，藤黄三两，水胶三斤，光粉四斤，墨煤四斤，合碌一斤，蜜陀僧八两，红土三斤，石黄二十斤，糯米二升。

鼓一面　钉槅蛎壳五斤。

旗一面号带一。用白绵布七匹，黄丝线五钱，青丝线三钱。

染槐花八两，明矾四两，苏木四两，靛青十斤，挽缸灰十斤。

缨头缨笼二白麻线一两，黑缨一斤，红鹿皮一分，生㸌水牛皮一分。

玲珰、桅饼、宝珠檀木一段，围二尺五寸，长三尺五寸。白杨木一段，围二尺五寸，长三尺五寸。

本船诸料共该银　百　十　两　钱　分　厘　毫。如有旧木、钉，三分扣除。实该银……。

工食银共该……。

一百料战船

峈按：战船而至百料，小莫甚矣。容可三十人，悉如游艇，而一无捍蔽之具，岂若人之命独可轻欤。不知兵贵奇速，船小而速则贵之。往来游击，以尽其奇；隐伏卒发，以尽其变；出没无端，以尽其神，谁其能右。是故，轻舟薄击永德，所以走仁肇；舴艋单承文育，所以斩鲍砰。又孰谓小不足以制大哉，顾善将兵者之何如。

头仓至十仓，各长三尺五寸。

虚头仓，长七尺五寸。虚梢，长九尺五寸。

共长五丈二尺，阔九尺六寸。

正底七路长三丈五尺，阔一尺一寸，厚一寸七分。帮底二路长二丈七尺，阔九寸，厚一寸七分。

拖泥二路长三丈八尺，阔九寸，厚一寸七分。出水栈板二路长四丈，阔一尺，厚一寸六分。

中栈板二路长四丈二尺，阔一尺二寸，厚一寸六分。完口栈二路长四丈二尺五寸，阔一尺，厚一寸六分。

插找二路长一丈五尺，阔八寸，厚一寸六分。出脚板二路长四丈七尺七寸，阔七寸，厚二寸。

厫堂四路长三丈八尺，厚一寸六分，阔一尺五寸。侧口二路长三丈八尺，阔四寸，厚三寸八分。

线梁四座长八尺五寸，阔六寸，厚四寸。面梁一块长九尺，阔一尺二寸，厚五寸。

将军柱面梁一块长七尺五寸，阔一尺，厚四分。铺头板三块长六尺五寸，阔一尺，厚二寸。

关头板五块长六尺五寸，厚二寸，阔一尺二寸。左右拿狮二路长三丈，厚四寸，阔五寸。

左右康木二路长四丈八尺，阔五寸，厚三寸。左右土墙二路长一丈七尺，厚一寸五分，阔一尺五寸。

梢楼顶板长七尺，阔一尺二寸，厚一寸五分。上下舵巾板二长七尺五寸，厚二寸，阔一尺。

铺梢板六块长七尺，厚一寸六分，阔一尺。关梢板四长六尺，阔一尺，厚一寸六分。

前后锁伏板二十长四尺，厚一寸六分，阔一尺。灶门梁二块长六尺五寸，阔一尺，厚一寸六分。

橹印子四个长二尺五寸，厚一寸五分。草鞋底二块长一丈二尺，阔七寸，厚一寸五分。

橹梭四个长五尺，厚三寸。伙狮头一个围三尺，长六尺五寸。

将军柱二个长六尺五寸，围三尺。梢伏狮一个长七尺，围三尺。

车关、车耳共长六尺，方厚五寸。各仓梁头十二每座用板三块，各长八尺，阔尺一，厚一寸八分。

官楼顶板八长五尺，阔一尺一寸，厚一寸五分。帆柏一块长四尺，阔一尺二寸，厚四寸。

左右千斤板二长一丈二尺，厚一寸七分。橹跳板四长六尺，厚一寸五分，阔七寸。

编舵板六块长三尺，厚一寸五分，阔一尺。舵夹板四长六尺，厚一寸四分，阔五寸。

桅夹二块长五尺，厚二寸，阔一尺。铺板二仓　各仓水枧

篷架一座　跳板二块　水牌一面

以上共用楠木并折板枋该　十　根围三尺，长三丈。有旧料减三分。

杉木桅心一根围二尺五寸，长二丈五尺。橹四张杉木二根围二尺五寸，长二丈五尺。

榆木舵杆一根围二尺五寸，长一丈八尺。檀木舵牙关门棒二围一尺，长一丈。

杂木水戗二根围一尺，长二丈。篷扛、旗招杆四根围一尺，长二丈。

杉槁木十一根围七寸，长二丈。榔头一　水撅二　戽斗一

水挽二

装修官楼柱子四长八尺，见方四寸。左右装板二槽阔七尺五寸，长四尺，厚七分。

上下箍头枋六四根长九尺，阔四寸，厚二寸五分；二根长五尺，阔厚同。

后装板一槽阔五尺，长四尺，厚七分。梢柱子二根长六尺，见方四寸。

上下枋五根长八尺，阔四寸，厚二寸五分。抱柱四根长五尺，阔二寸，厚二寸。

左右装板二槽阔七尺，长二尺五寸，厚七分。云头板二块长八尺，阔七寸，厚一寸四分。

门二扇长四尺，阔二尺，厚一寸五分。槅子四扇长四尺五寸，阔一尺八寸。

铳架一座　吊水桶二　铳杆三根　旗柜一个

以上共用杉木　根　分阔二尺五寸，长二丈五尺。有旧料减三分。

铁器大小铁钉三十斤。篙钻八个，重二斤。橹脚环二个，重八两。拐棒锔八斤，万字锔四斤，钉蜊壳小炮钉八两。铁挽子一把，重八两。门圈一副。

油艌桐油一百二十斤，黄麻一百二十斤，石灰二百四十斤。

锚顶缆索等棕五件，棕毛二百五十斤，麻八件，黄麻七十五斤。

风篷一扇青笙竹一百根，黄藤二十斤，棕毛三十斤。

牵簟系水各一条青水竹二百根。竹挽二条

油饰彩画桐油十斤，三碌五两，黄丹四两，合碌五斤，银朱十二两，二朱一斤，靛花青六两，藤黄二两，光粉二斤，墨煤二斤，水胶一斤，蜜陀僧四两，番朱八两，石灰十斤，糯米三升。

槅子蜊壳八斤。

缨头一个生狰水牛皮一分，黑缨一斤。

旗号一面白绵布五匹，黄丝线五钱。

染槐花八两，明矾四两，靛青二斤。

玲珰、桅饼檀木一段，围二尺，长一尺五寸。白杨木一段，围二尺，长一尺五寸。

本船诸料该银 百 十 两 钱 分 厘 毫。内如有旧木、钉，三分扣除。实该银……。

工食银一十四两七钱。

三板船　划船同

谘按：三板船、划船，二种式同而名异，制陋而料轻。盖当水军操演之时，用之营外，以为客为奸者也。有事之日，似疑于无用。不知贾船欺羽，渔舫逃胥，一苇可航，焉知其不足以佐元戎之急。

一仓至十仓，各长三尺五寸。虚梢长三尺。

共长三丈八尺，阔八尺四寸。

正底七路长三丈六尺，厚一寸七分，阔一尺一寸。拖泥二路长三丈六尺，厚一寸六分，阔一尺一寸。

帮底二路长三丈六尺，厚一寸六分，阔一尺一寸。出水栈二路长三丈五尺，厚一寸六分，阔一尺一寸。

中栈二路长三丈六尺，阔一尺，厚一寸六分。完口栈二路长二丈八尺，厚一寸六分，阔一尺二寸。

出脚二路长三丈八尺，阔一尺，厚一寸八分。康木二路长三丈八尺，阔五寸，厚二寸五分。

拿狮二路长三丈八尺，阔四寸，厚三寸。厰堂六块长一丈六尺，阔一尺，厚一寸六分。

前海漫板六块长九尺，厚一寸六分，阔一尺。后海漫板七块长一丈三尺，阔一尺，厚一寸六分。

左右插找二长五尺，厚一寸六分，阔七寸。左右千斤板四长九尺，厚一寸六分，阔一尺。

橹跳板四块长六尺，厚一寸六分，阔七寸。线梁三块长七尺，厚二寸，阔八寸。

铺头梢板二长六尺，厚一寸六分，阔一尺。关梢板一块长六尺，阔一尺三寸，厚一寸六分。

草鞋底二路长六尺，厚一寸六分，阔一尺。各仓梁头十座每座用板三块，各长七尺，阔一尺，厚一寸六分。

桅夹板二路长六尺，阔一尺一寸，厚二寸。面梁一块长八尺，厚三寸，阔一尺三寸。

帆柏一块长三尺，厚三寸，阔一尺。上下舵巾板二长六尺，厚二寸，阔一尺。

推水板三块长六尺，厚三寸，阔一尺。编舵板三块长三尺，阔一尺一寸，厚一寸五分。

将军柱一个长六尺，围二尺五寸。伏狮头一个长六尺五寸，围二尺五寸。

梢伏狮一个长七尺，围二尺五寸。橹印子四个长七尺，厚二寸，阔九寸。

橹梭四个长四尺，厚二寸五分，阔四寸。篷架二座

以上共用楠木　根围三尺，长三丈。有旧料减三分。

杉木桅心一根围二尺五寸，长二丈五尺。舵杆榆木一根围二尺五寸，长一丈八尺。

檀木舵牙关门棒二根围一尺，长一丈。杉木篷秤杠二根围二尺，长二丈。

水戗杂木二根围一尺，长二丈。杉槁木四根围七尺，长二丈。

橹四张杉木二根　旗招杆杉木二根　脚跳板二

前后水枧　铳架一座　铳杆三根　水橛二个

铺板二仓　榔头二　吊桶一　戽斗一　旗柜一　水牌一

油舱桐油一百斤，黄麻一百斤，石灰二百斤。

油饰彩画桐油十斤，黄丹一斤，蜜陀僧四两，番朱八两，光粉八两，水胶八两，银朱四两，墨煤八两，石灰十斤，糯米二升。

风篷一扇青笙竹一百根，黄藤二十斤，棕毛三十斤。

纤簟一　系水一青水竹二百根。竹挽一

棕锚缆、橹绷等六件，棕毛二百二十斤。麻旗绵箍头等索九件，共用黄麻五十斤。

旗号一面阔白绵布二匹，黄丝线一钱。染槐花二两，明矾一两，苏木一两。

墨缨头一黑缨一斤，生狰水牛皮一分，红鹿皮一分。

铁钉浮动物件大小铁钉三百斤。槁钻四个，重一斤。橹脚环四个，重一斤。铁挽子一把，重八两。拐棒锔六斤，万字锔三斤。

玲珰、桅饼檀木一段，围二尺，长一尺五寸。白杨木一段，围一尺，长一尺五寸。

本船诸料共该银……。内如有旧木、钉，三分扣除。实该银……。

工食银……。

桥船

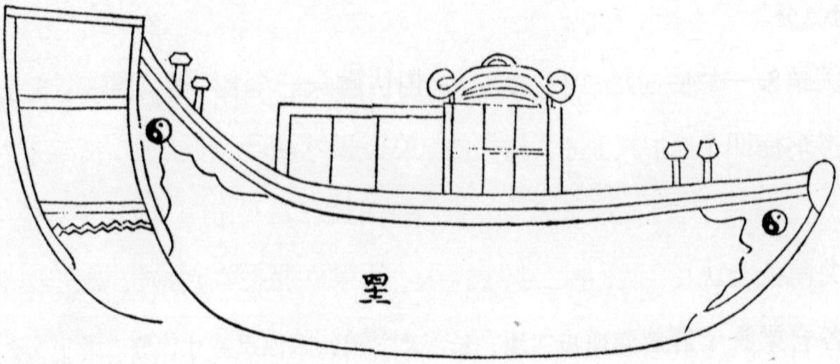

踏按：浮桥云者，即《诗》所谓梁是也。济军之器，盖不止此，此其一也。有宋尝命曹彬取江南，先令以朗州所造黄、黑龙船于采石矶跨江为梁。或谓江深水阔，古未有浮梁而济者，宋祖不从，卒以成功。呜呼！明征定保，梁固用武者所不可已与。

一仓至三仓，各长三尺一寸，四仓长二尺三寸。

五仓长二尺二寸，六仓长三尺一寸，

七仓长二尺一寸，八仓至十五仓，各长三尺一寸。

虚头仓长九尺，虚梢长七尺一寸。

共长五丈九尺九寸，阔一丈五尺一寸。

正底十一路长四丈四尺，阔一丈二尺，厚二寸五分。

左右帮底拖泥四路长四丈六尺，阔九寸，厚二寸五分。

出水栈二路长四丈九尺，阔一尺二寸，厚二寸二分。中栈完口四路各长五丈八尺，阔一尺一寸，厚二寸二分。

出脚板二路长六丈三尺，阔七寸，厚二寸五分。厰堂六路长五丈五尺，阔一尺，厚二寸二分。

伏狮头一个长一丈，围三尺五寸。梢伏狮头一个长一丈，围三尺五寸。

将军柱四个长五尺五寸，阔三尺。关头板八块长一丈，阔一尺一寸，厚二寸二分。

关稍板七块长一丈，厚二寸，阔一尺。线梁六座长一丈四尺，阔二寸，厚三寸。

各仓梁头十五座每座板四块，长一丈二尺，阔四尺五寸，厚二寸五分。

平基板十块长一丈六尺，阔一丈四尺，厚二寸五分。铺头板五块长九尺，厚二寸二分，阔九寸。

马踏板四块长一丈六尺，阔一尺三寸，厚二寸五分。官楼土墙板四长一丈三尺，厚一寸八分，阔二尺八寸。

顶板七块长七尺，厚一寸八分，阔八寸。前后锁伏板十五长四尺五，厚一寸八分，阔一尺二寸。

左右拿狮二路长六丈二尺，阔七寸，厚五寸。左右康木二路长六丈二尺，厚三寸，阔六寸。

龙骨木四路长四丈，厚五寸，阔六寸。官楼门二扇。

铺板二仓

以上共楠木并折枋板　根围三尺，长三丈。有旧料减三分。

杉槁木四根围七寸，长二丈。杂木水戗二根围一尺，长二丈。

水撅二根　榔头　扶梯一　戽斗　水桶

吊桶　水牌

油舱桐油四百斤，黄麻四百斤，石灰八百斤。

油饰彩画银朱四两，二朱四两，黄丹二两，水胶一斤，番朱一斤，墨煤二斤，光粉一斤，靛青一两，桐油二十斤，糯米四升，石灰廿斤。

纤簟系水各一条青水竹五百根。棕系水一条棕毛一百斤。

铁钉浮动什物大小铁钉五百四十斤。万字锏四十个，重十六斤。拐棒锏三十个，重十五斤。

本船诸料共该银……。有旧木、钉，三分扣除。实该银……。

工食银……。

四百料巡座船

啓按：盗贼奸宄，治世所不能无。国门御人，恒闻屡发，而况长江天际无涯之窟哉。巡罗之政，不可不讲。尝闻其政，或据扼要害，以探其出没；或搜剔荒僻，以发其埋藏；或混杂辏集，以觇其啸傲；或隐伏坳曲，以几其闪缩。多方缉伺，是皆以我之无形致彼之有形也。轻桡健棹，云掩星驰，犹惧为其所觉察，而何有座船之壮丽，反示之有形也哉？或总戎以身殉国，而欲与士卒分劳而设也。果欲分任其劳，又不必座船之暇逸也。若止欲为江津壮观之图，则不赀之费，必将启忧国救时者之经略。

仓口与战座船同。

共长八丈六尺九寸，阔一丈七尺。

正底十三路长五丈八尺七寸，阔一尺一寸，厚二寸五分。帮底二路长五丈九尺，厚二寸五分，阔一尺二寸。

拖泥二路长六丈二尺，厚二寸二分，阔一尺一寸。出水栈二路长六丈五尺，厚二寸二分，阔一尺三寸。

中栈二路长七丈，厚二寸，阔一尺四寸。完口栈二路长七丈五尺，厚二寸，阔一尺四寸。

插找八块长三丈五尺，厚二寸，阔一尺二寸。出脚二路长八丈五尺六寸，阔一尺一寸，厚二寸五分。

康木二路长八丈三尺六寸，阔八寸，厚三寸五分。厫堂六路长七寸，厚二寸，阔一尺三寸。

侧口二路长二丈八尺，厚三寸，阔一尺五寸。前侧口二路长二丈二尺，阔七寸，厚二寸五分。

罗框平盘四长三丈五尺六寸，阔七寸，厚一寸八分。拿狮二路长一丈七尺，阔六寸，厚四寸。

铺头板四长一丈一尺，阔一尺二寸。关头板八块长丈一尺五寸，阔一尺三寸。

关梢板四块长一丈，厚二寸，阔一尺三寸。灶门梁板三块长一丈，厚二寸五分，阔一尺。

左右草鞋底二长二丈，厚一寸八分，阔七寸。铺梢板三长一丈三尺，厚一寸八分，阔一尺二寸。

稍锁伏板十长五尺，阔一尺三寸，厚一寸八分。前后锁伏板四长四尺，厚一寸八分，阔一尺一寸。

挽脚梁一块长一丈三寸，阔二尺，厚四寸。伏狮头一长一丈一尺，围三尺五寸。

将军柱二个长七尺，围三尺。梢伏狮一个长一丈，围三尺。

车关、车耳各长六尺，厚五寸，阔一尺。龙骨四路长五丈八尺六寸，阔七寸，厚四寸。

官楼顶板十长二丈八尺，厚一寸八分，阔一尺一寸。平卷楼二座用板十四，长九尺，厚一寸八分，阔一尺二寸。

官楼、老鼠桥、平盘四长二丈二尺，阔四寸，厚二寸。大桅夹二块长一丈二尺，厚二寸五分，阔一尺二寸。

小桅夹二块长七尺，厚一寸八分，阔一尺四寸。大小帆柏二块长三尺，厚六寸，阔一尺二寸。

编舵板七块长三尺五寸，厚一寸八分，阔一尺四寸。舵夹板四块长一丈，厚二寸，阔六寸。

橹梭六个长六尺，阔五寸，厚五寸。橹印子六个长二尺五寸，阔五寸，厚一寸五分。

梢卷楼顶板六长一丈，厚一寸八分，阔一尺二寸。梢平楼板十二长一丈二尺，厚一寸八分，阔一尺二寸。

大桅面梁一长一丈六尺，阔一尺四寸，厚六寸。头桅面梁一长一丈二尺，厚五寸，阔一尺二寸。

左右土墙二路用板六块，长二丈五尺，厚寸八分，阔尺二。平楼过梁一块长一丈三尺，阔一尺，厚一寸八分。

各仓梁头十七座每座用板五块，长一丈三尺五寸，阔一尺一寸。披水板二块长一丈，阔一尺二寸，厚一寸八分。

篷架三座每座用板四条，长四尺，阔四寸，厚二寸。头梢护腮四块长六尺，阔一尺，厚一寸八分。

橹跳板十块长七尺，厚二寸，阔八寸。

以上共用楠木　根围三尺，长二丈。杉木　根根围三尺五寸，长五丈五尺；根围二尺三寸，长二丈五尺。楠木连二三枋　块。杉木连二三枋　块。有旧料减三分。

跳板、浪漕中路、铺仓用松木十根围三尺五寸，长二丈五尺。

橹八张杉木四根围二尺五寸，长二丈五尺。榆木舵杆一根围三尺，长二丈。

杉木头桅一根围三尺，长三丈。杉木大桅一根围四尺五寸，长五丈五尺。

檀木舵牙、关门二根围一尺，长二丈。杉槁木十根围七寸，长二丈五尺。

杂木水戗二根围一尺，长二丈。水撅二根　榔头一把

旗哨招竿杉木三根围一尺，长二丈。杉条木篷秤扛四根围一尺，长二丈。

装修大柜柱子八根长七尺五寸，见方四寸。挂腰枋四根长一丈八尺，阔四寸，厚二寸。

横枋五根长九尺，阔五寸，厚四寸。左右前中装板三丈五尺长四尺，厚七分。

煖槅八扇长四尺，阔一尺五寸。双卷楼柱六根长九尺，见方五寸。

顺枋二根长一丈四尺，阔五寸，厚四寸。横箍头枋四根长一丈，阔五寸，见方四寸。

横湾梁一根长一丈，阔一尺五寸，厚四寸。长楼柱子六根长七尺五寸，见方四寸。

过梁地脚五长一丈，阔五寸，厚四寸。间枋十八根长三尺五寸，阔三寸，厚二寸五分。

挂枋四根长二丈，阔四寸，厚二寸五分。挨地平麻力槽枋八十根长四尺，阔三寸，厚二寸。

抱柱十二长六尺，阔三寸，厚二寸。麻力板十六空每空阔四尺，长二尺八寸，厚七分。

地平三十扇长四尺，阔二尺七寸。长槅二十八扇长六尺，阔一尺八寸。

平门六扇长六尺，阔一尺八寸。短槅二十二扇长三尺五寸，阔一尺六寸。

两篛板二十二块长四尺，阔一尺七寸，厚七分。梢柱十根长六尺五寸，见方四寸。

过梁五根长一丈四尺，阔六寸，厚四寸。腰枋五根长七尺，阔三寸，厚二寸。

披水板二路阔三丈二尺，长二尺五寸，厚七分。五山屏风床一张

桌子一张　铳杆三根　铳架一座　鼓架一座

枪架一座　衣架一　扶梯五长一短四。　灶架一

锅盖二　雕受带三十二条。　鼓篷一　面架一　面盆一

长短云头花板十三块稍楼用。　戽斗一　旗柜一

柗桶、水桶、浴桶、吊桶、净桶各一

以上共用杉木　根围三尺五寸，长二丈五尺。杉木连二枋　块长一丈四尺，阔一尺二寸，厚五寸。有旧料减三分。

油舱桐油六百斤，黄麻六百斤，石灰千二百斤。

缆索棕六件五十七条，棕毛六百五十斤，麻十件十七条，白麻三十斤，黄麻二百十斤。

纤缆、带缆各一条青水竹八百四十根。竹挽

风篷二扇青筀竹三百十五根，芦柴八十束，黄藤七十四斤，毛竹二根，棕毛八十四斤。

油饰彩画桐油六十斤，黄丹一斤，银朱二斤，光粉廿五斤，铜青六两，墨煤十五斤，水胶八斤，二朱二斤，合碌一斤，藤黄一两，三碌一斤，靛青二两，蜜陀僧二两，番朱廿斤，白面五斤，瓦灰二斗。

鼓一面　缨头黑缨二斤，生静水牛皮三分，红鹿皮三分，白麻线二两。

榪子蚋壳八十斤，毛竹二根。

旗二面号带二条，阔白绵布三匹零二尺，黄丝线七钱。

染槐花一斤，明矾十两，苏木二两。

玲珰、桅饼、仙人掌白杨木一段，围二尺五寸，长一丈。檀木一段，围二尺五寸，长六尺。

铁钉浮动什物大小铁钉九百十斤。攀头二条，各长七尺，重十二斤。磨骨钉四十个，橹脚环十个，篙钻十个，跳板圈二个，铁挽二把，旗柜戽斗小钉五十，收篷圈二个。拐棒锔五十个，重二十五斤。摆锡炮钉四千五百个。万字锔六十个，重十五斤。

本船诸料共该银　百　十　两　钱　分　厘　毫。内如有旧木、钉，三分扣除。实该银……。

工食银……。

二百料巡沙船

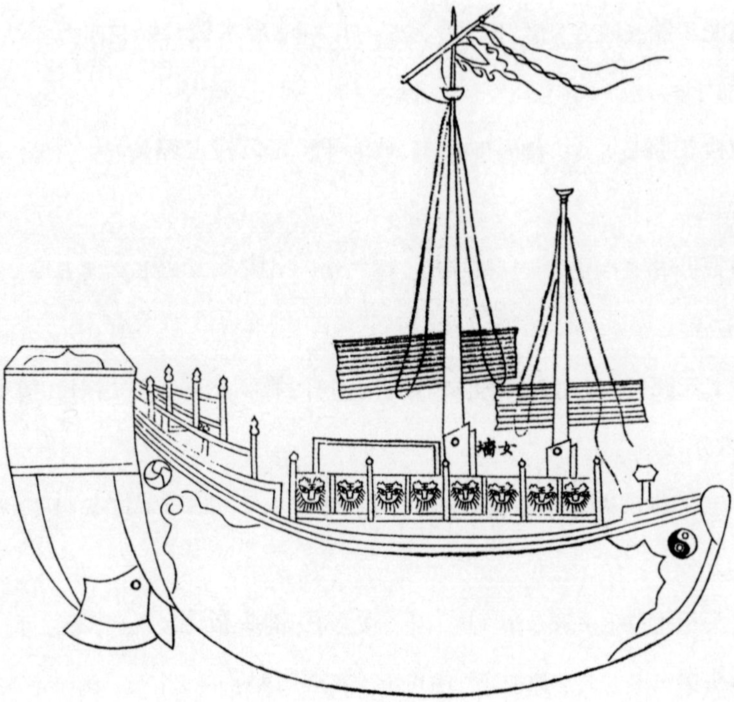

喈按：所谓沙船，象崇明三沙船式也。三沙浮海，人长吞天浴日之区。靛鹽为业，履险如夷，走船如马，家海门江，朝吴暮楚。苟惊风立浪之相遭，则鼓气扬眉之有象矣。是以率多无良咎之者，皆以性成于习，而不知器利于用者，有以助之，巡船式之器亦利矣。用器者能以沙船之习习之斯，不失为军国之沙船也。中有洞屋，足以更番。外有女墙，足以间卫。义起者云。

头仓长四尺五寸。二仓、三仓、四仓，俱长四尺。

五、六仓各长四尺五寸。七、八仓，官楼各长四尺二寸。

九、十仓各长四尺五寸。虚头仓长八尺八寸。

虚梢长一丈。

共长六丈七尺，阔一丈三尺六寸。

正底十一路长四丈四尺五寸，阔九寸，厚二寸一分。帮底二路长四丈五尺五寸，阔一尺一寸，厚二寸一分。

拖泥二路长四丈七尺，厚二寸，阔一尺一寸。出水栈二路长四丈八尺，厚二寸，阔一尺二寸。

中栈二路长五丈，阔一尺四寸，厚二寸。完口栈二路长五丈三尺，厚二寸，阔一尺四寸。

插找四路长一丈六尺，阔一尺，厚二寸。出脚板二路长六丈五尺，阔九寸，厚二寸五分。

康木二路长六丈五尺，阔五尺，厚三寸五分。厫堂六路长五丈四尺，阔一尺一寸，厚一寸八分。

罗框平盘四路长六丈五尺，阔七寸，厚寸八分。侧口二路长四尺，厚二寸，阔四寸。

关头板七块长八尺，阔一尺一寸，厚二寸。铺头板四长八寸，厚二寸，阔一尺。

孟头梁一长八尺，厚四寸，阔八寸。拿狮二路长一丈五尺，阔四寸，厚四寸。

关梢板四块长七尺，厚一寸八分，阔九寸。草鞋底二块长九尺，厚一寸，阔七寸。

梢后拿狮二长五尺，厚五寸，阔五寸。灶门梁二块长七尺，厚一寸八分，阔八寸。

铺梢板六块长八尺，厚一寸八分，阔一尺。线梁四块长一丈，阔五寸，厚三寸五分。

面梁一块长一丈三尺，阔一尺三寸，厚五寸五分。小面梁一块长一丈，阔一尺二寸，厚五寸。

千斤板二块长二丈一尺，阔八寸，厚二寸。官楼土墙二路长一丈五尺，阔二尺，厚一寸八分。

横梁板一块长六尺二寸，阔二尺，厚三寸。官楼平盘二路长一丈五尺，阔八寸，厚一寸八分。

老鼠桥四路长一丈五尺，阔五寸，厚四寸。官楼锁伏板九块长四尺，阔一尺，厚一寸八分。

梢楼土墙二路长一丈七尺，厚一寸八分，阔二寸五分。左右顶板四路长一丈七尺，厚一寸，阔一尺二寸。

梢楼侧口二路长一丈七尺，阔五寸，厚二寸五分。老鼠桥二块长一丈七尺，阔四寸，厚二寸。

梢楼面梁二块长七尺，厚一寸八分，阔八寸。梢后锁伏十二长三尺，阔一尺三寸。

上下舵巾板二块长九尺五寸，阔一尺，厚二寸五分。将军柱一根、面梁一块长六尺，厚一寸八分，阔一尺。

车关、车耳共长六尺，厚五寸，阔八寸。大小帆柏二个共长六尺，厚五寸，阔一尺。

左右狗脑十块长二尺五寸，阔四寸，厚三寸五分。橹梭四个长五尺，阔四寸。

编舵板六块长三尺，厚二寸，阔一尺。橹印子四个长八尺，厚一寸五分，阔五寸。

橹跳板六块长六尺，厚二寸，阔七寸。各仓梁头十三座每座四块，长一丈一尺，阔一尺三寸。

篷架三座用板四块长六尺，厚二寸，阔三寸。

以上共用楠木并折板枋　根围三尺，长三丈。有旧料减三分。

头桅杉木一根围一尺五寸，长三丈二尺。大桅杉木一根围三尺五寸，长五丈五尺。

橹四张杉木二根围二尺五寸，长二丈五尺。榆木舵杆围二尺五寸，长一丈八尺。

檀木舵牙关门棒二围一尺，长一丈。杂木水戗二根围一尺，长二丈。

篷秤扛四根围一尺，长二丈。脚跳板二块。

杉木旗哨杆三根围一尺，长二丈。杉槁木十根围七寸，长二丈。

榔头一把　水橛二个

装修官仓照面仓槅子六扇长五尺五寸，阔一尺七寸。

上下枋四根长七尺五寸，阔四寸，厚二寸五分。抱柱枋四根长五尺五寸，阔三寸，厚二寸。

床面一　上下欢门槅子二扇长四尺，阔一尺二寸。

左右麻力槽枋四长八尺，阔三寸，厚二寸。麻力板二槽阔八尺，长四尺，厚七分。

左右遮阳柱子十长四尺，阔四寸，厚三寸。下脚槅子十个长一尺二寸，阔五寸，厚一寸五分。

遮阳板八空每空阔二尺三寸，长八尺五寸，厚九寸。稍门二扇长三尺，阔一尺七寸。

梢阑干二扇杆二根，长一丈八尺，方三寸；柱四根，长二尺，方二寸。荷叶四个。

铺板九仓

全船水枧　枪架一座六方。　铳杆一根　铳架一座

扶梯一张　戽斗一　水桶一　吊桶一　旗柜一

木羊头二　锅盖一　水牌一　水挽一

以上共用杉木　根围二尺五寸，长二丈五尺。杉木连二枋　块　分。有旧料减三分。

油艌桐油二百五十斤，黄麻二百五斤，白麻十五斤，石灰……。

油饰彩画桐油十五斤，黄丹八两，蜜陀僧二两，番朱二斤，水胶三斤，墨煤三斤，二朱十五两，靛青三两，藤黄二两，三碌十五两，枝条碌十五两，银朱十五两。

风篷二扇青笙竹一百四十根，棕毛六十斤，黄藤四十斤，芦柴四十六束。

牵簟二件青水竹三百七十根。竹挽二条

棕、锚缆、橹绷等六件棕毛三百七十斤。麻、旗、线、箍头等索九件黄麻一百五十斤，白麻十五斤。旗一面号带二条，黄丝线五钱，阔白绵布二匹。

染苏木八两，槐花八两，明矾五两。缨头一副黑缨二斤，红鹿皮一分，白麻线三钱，生狰水牛皮一分。钉槅子六扇蜊壳十五斤。

玲珰、桅饼、仙人掌檀木一段，围二尺五寸，长三尺。白杨木一段，围二尺五寸，长一尺。铁锅一

铁钉浮动什物大小铁钉四百七十斤。铁攀头二条，重六斤。橹脚环四个，重一

斤。篙钻十个，重二斤八两。铁千金四个。铁挽子二把，重一斤。拐棒锎十二斤，万字锎八斤，钉蜊壳小炮钉八两，门环一副。

本船诸料共该银 百 十 两 钱 分 厘 毫。内如有旧木、钉，三分扣除。实该银……。

工食银……。

一百料一颗印巡船

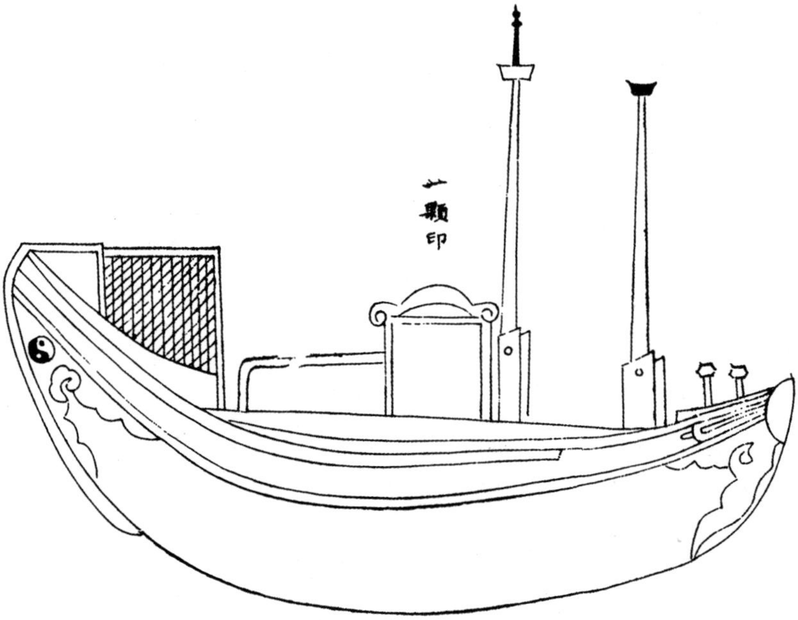

启按：巡船以一颗印称，前未之闻。讯其所以，云官仓如印，盖象形也。较之沙船，料同而制稍异。尝窃计之，战船贵大而雄，巡船贵小而犍，何也？战者，与敌为竞，非大不足以镇压之。若夫巡者所巡，不过城狐社鼠之流、壁虿檐蜂之属耳，诸哨船、轻浅船足任之矣。今此与沙船俱适当战船之一等。较武者宜不可无等第之杀云。

头仓至四仓，各长四尺。五仓至七仓，各长四尺五寸。

八仓官楼，长四尺二寸。九仓、十仓，各长四尺五寸。

虚头仓，长八尺八寸。虚梢，长一丈。

共长六丈一尺五寸，阔一丈二尺六寸。

正底九路长四丈六尺，阔九寸，厚二寸二分。出水栈二路长五丈二尺，阔一尺一寸，厚二寸。

中栈二路长五丈五尺，阔一尺二寸，厚二寸。完口栈二路长五丈八尺，阔一尺五寸，厚二寸。

插找六块长一丈八尺，阔一尺五寸，厚二寸。出脚板二路长六丈三尺，阔九寸，厚二寸。

左右厫堂四块长六丈四尺，阔一尺三寸，厚二寸。搪浪板十块长九尺，阔一尺二寸，厚二寸。

关梢、灶门梁、铺梢、盂梢板、梁，共十六长八尺，阔一尺，厚二寸。

各仓梁头十二座每座五块，长丈一，阔九寸，厚二寸。侧口二路长四丈，厚二寸五分，阔六寸。

左右康木二路长六丈五尺，阔六寸，厚三寸。伏狮头一个长一丈，围三尺。

梢伏狮一个长八尺，围八尺。将军柱二个长六尺。

拿狮二路长六丈三尺，方四寸五分。大面梁一块长一丈二尺，阔一尺四寸，厚五寸。

小面梁一块长一丈，阔一尺三寸，厚五寸。桅夹板四块长八尺，厚二寸二分，阔尺二寸。

千斤板二块长一丈八尺，阔八寸，厚二寸。橹跳板四块长六尺，阔七寸，厚二寸一分。

编舵板夹板共七块长五尺，阔一尺，厚二寸。铺头板五块长九尺，阔一尺，厚二寸。

线梁五块长一丈，阔一尺，厚一寸五分。上下舵巾板二长八尺，阔一尺，厚二寸二分。

前后锁伏三十五块长五尺五寸，阔一尺，厚一寸八分。

以上共用楠木并折板枋　十　根　分围三尺，长三丈。有旧料减三分。

大桅杉木一根围三尺五寸，长四丈五尺。头桅杉木一根围二尺五寸，长二丈五尺。

橹四张杉木二围二尺五寸，长二丈五尺。舵杆榆木一根围二尺五寸，长一丈八尺。

舵牙、关门棒檀木二围一尺，长一丈。杂木水戗二根围一尺，长二丈。

杉条木旗哨招杆三根围一尺，长二丈。杉槁木八根围七寸，长二丈。

装修官楼柱二根长八尺，见方四寸五分。过梁枋五根长六尺，阔六寸，厚二寸。

壁尺二根长四尺，阔三寸，厚二寸五分。门二扇长四尺，阔一尺六寸，厚一寸四分。

后梁头板三块长六尺，阔一尺五寸，厚一寸七分。顶板一座长六尺，阔六尺，厚一寸七分。

卷花板二块长一尺，阔七寸，厚一寸四分。

长楼土墙板二座长一丈四尺，阔三尺，厚一寸七分。顶板一座长一丈一尺，阔六尺，厚一寸七分。

后梁板一块长六尺，阔二尺八寸，厚一寸七分。

梢楼柱四根长六尺，方四寸。过梁二根长九尺五寸，阔五寸，厚二寸五分。

桁条三根长四尺五寸，方三寸。后土墙板三座长七尺五寸，阔五尺，厚一寸七分。

顶板一座长七尺五寸，阔九尺五寸，厚一寸七分。铳架一座　铳杆三根

扶梯一张　旗柜一个　篷架三座　脚跳板二

前后水枧　铺板五仓　榔头一把　水撅二

木羊头二　戽斗一　水桶一　吊桶一

锅盖一　水牌一　水挽一

以上共用杉木　根　分围一尺五寸，长一丈五尺。杉木连二枋　块长一丈四尺，阔一尺二寸，厚五寸。有旧料减三分。

油艌桐油一百斤，黄麻一百斤，石灰四百四十斤。

油饰彩画桐油十二斤，墨煤二斤，银朱五两，水胶二斤，藤黄二钱，靛青一两，二朱五两，黄丹一斤，蜜陀僧一两，三碌三两五钱，枝条绿三两五钱，光粉二斤。

风篷二扇青筀竹一百五十，黄藤四十斤，棕毛五十斤，毛竹二根，稍篷芦席廿领，芦柴五十束。杉条篷秤扛四根，围一尺，长二丈。

纤簟一条　系水一条青水竹三百五十根。竹挽二条

棕、锚缆、櫓绷等六件棕毛三百五十斤。麻旗线、箍头等十件黄麻一百五十斤，白麻二十斤。旗二面号带二条，白绵布二匹，黄丝线五钱。染槐花八两，苏木八两，明矾五两。缨头一副黑缨二斤，白麻线三钱，生狰水牛皮一分，红鹿皮一分。

钉槅蛎壳十斤。

玲珰、桅饼檀木一段，围二尺五寸，长三尺。白杨木一段，围二尺五寸，长一尺。

铁钉浮动什物大小铁钉四百七十斤。槅钻八个，重二斤。櫓脚环四个，重一斤。铁攀头一条，重六斤。万字锔十斤。铁挽子二把，重一斤。

本船诸料共该银　百　十　两　钱　分　厘　毫。内如有旧木、钉，三分扣除。实该银　百　十　两。

工食银……。

九江式哨船

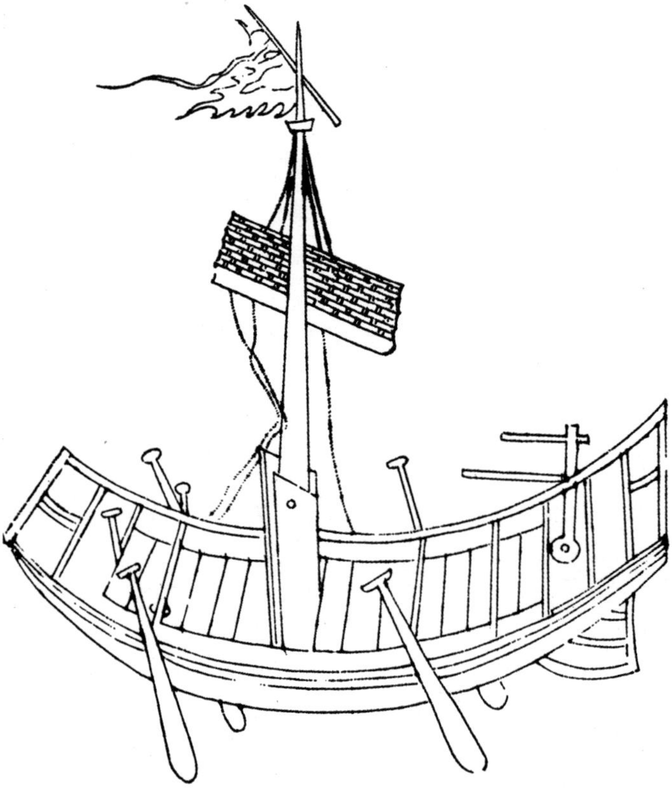

啓按：哨字名义，不蒙战阵。及考往古战阵图书，皆无哨名。至《会典》始载神机营有左哨、右哨。又《律疏》载军卫有罪者，发嘹哨。即《会典》所谓哨者观之，左右游击之义也；即《律疏》所谓哨者观之，墩堡觇谍之义也。然亦未有名其器者。船之名哨，实肇于正德之九年。比年流贼猖狂，东驰西突，国狗之瘈，无走弗噬。海内汹汹，东南摇动，南京守备操江谋为探察之计，故有是设。求其江船之最利于疾速者，莫如九江、安庆。九江者，无洞而差长；安庆者，有洞而差小。没入汩出，狎浪骄风，岂唯便于伺察为哉。使战阵而庸之，则或为向道，或为挑战，或为疑兵，或为伏甲，焉往不利。所谓立成器以为天下利，非是耶。

头仓至四仓各长三尺一寸。五仓长二尺五寸。

六仓至九仓各长三尺二寸。虚头仓长六尺。

虚梢长六尺五寸。

共长四丈二尺，阔七尺九寸。

正底五路长二丈七尺五寸，阔一尺二寸，厚一寸六分。帮底二路长二丈八尺，阔九寸，厚一寸六分。

拖泥二路长二丈九尺，阔九寸。出水栈二路长三丈五尺，阔一尺二寸。

左右中栈二路长三丈五尺，阔一尺二寸。完口栈二路长三丈五尺，阔一尺二寸。

出脚板二路长四丈，阔七寸，厚一寸八分。康木二路长四丈，阔七寸，厚三寸五分。

厰堂四路长三丈三尺，阔九寸，厚一寸六分。拿狮二路长四丈，厚三寸，阔五寸。

侧口二路长三丈，厚一寸六分，阔三寸。关头板六块长五尺，厚一寸六分，阔一尺。

盂头板二路长五尺，厚一寸六分，阔八寸。关梢板二块长四尺五寸，阔一尺，厚一寸六分。

插找四块长七尺，厚一寸六分，阔七寸。铺梢板五块长三尺，阔一尺，厚一寸六分。

面梁一块长七尺，厚三寸，阔一尺。将军柱面梁一长六尺，阔八寸，厚三寸。

前后锁伏板二十四长四丈五尺，阔三丈，厚一寸六分。

各仓梁头十一座每座用板五块，各长六尺，阔九寸，厚一寸六分。

草鞋底三块长四尺五寸，厚七分，阔六寸。伏狮头一个长五尺。

将军柱一个围二尺，长五尺。梢伏狮一个长九尺，围二尺五寸。

上下舵巾板二块长三尺，厚二寸，阔七寸。编舵板三块长三尺，厚一寸六分，阔六寸。

桨扇板四块长八尺，厚一寸四分，阔七寸。

以上共用楠木并折板枋　十　根　分围三尺，长三丈。有旧料减三分。

桅心杉木一根围二尺，长二丈六尺。杉槁木四根围七寸，长二丈。

杉木旗哨杆一根围七尺，长一丈五尺。押伏杉木二根围七寸，长一丈五尺。

杉木招杆一根围七寸，长一丈。水枧二十根内一根围一尺，长一丈五尺。

篷提头杉条木二根围一尺，长二丈。橹一张杉木五根围二尺五寸，长二丈。

铺板一仓　脚跳一块　炮架一副　旗柜一个共用松木一根围三尺，长三丈。槐木舵杆一根围一尺，长七尺。

槐木舵牙一根围七寸，长四尺。桨四把用杉木五围尺五，长二丈。

榆木桨桩四根围七寸，长二尺。楠木将军柱一根围二尺，长四尺。

榆木榔头一个围二尺五寸，长一尺三寸。檀木水橛二根围一尺，长四尺。

桨皮条八　戽斗一　水牌一

油艌桐油八十斤，黄麻八十斤，石灰一百六十斤。

棕五件棕毛四百八十斤。麻五件黄麻二十八斤。

纤簟一条水竹五十根。竹挽子二条

风篷一扇青笙竹三十一根，芦席五领，黄藤四斤，棕毛四斤，芦柴十五束，毛竹一根。

旗一面号带一条，白绵布一匹。染槐花四两，明矾一两。

缨头一副黑缨八两。桅饼、玲珰四个

油饰彩画桐油三斤，番朱六两，墨煤四两，黄丹一两。

铁钉浮动什物大小铁钉一百八十斤。拐棒环十四个，重七斤。万字锢十六个，重四斤。炮架铁圈四副，小铁索二条，弓篷锢六个，弓篷圈六个，风篷钩六个，桨锢八个，扒头钉八个，橹脚环一个，吊舵圈一个，铁挽子一把，旗柜戽斗小钉五十个。铁锚一，重四十斤。铁锅一口，阔一尺二寸。篙钻四个，收篷圈一个。

本船诸料共该银　百　十　两　钱　分　厘　毫。内如有旧木、钉，三分扣除。实该银……。

工食银七两五钱六分。

安庆哨船　大胜关哨船

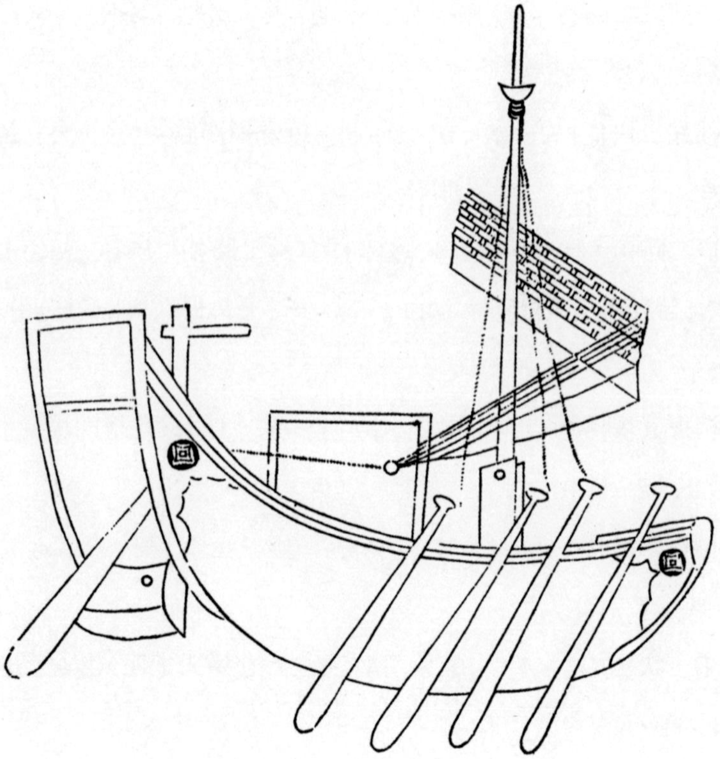

啓按：安庆船疏备前九江船下。而所谓大胜关哨船者，非别有一式也，即此以给候人，俾为之守。夫关为南都险要，长波断岸，讥察非常，非是焉济哉。

头仓至四仓各长三尺。五仓官楼至八仓各长三尺。

虚头仓长六尺二寸。虚梢长六尺五寸。

共长三丈六尺七寸，阔七尺八寸。

正底五路长二丈四尺，厚一寸六分，阔一尺二寸。帮底二路长二丈四尺五寸，厚一寸六分，阔一尺。

拖泥二路长二丈五尺，厚一寸六分，阔一尺一寸。出水栈二路长二丈八尺，厚一寸六分，阔一尺一寸。

中栈二路长三丈三尺，阔八寸，厚一寸六分。完口栈二路长三丈四尺，阔一尺，厚一寸八分。

左右插找二路长一丈，厚一寸六分，阔一尺。出脚二路长三丈六尺七寸，阔一尺，厚一寸八分。

草鞋底二块长七尺，厚八分，阔一尺。厫堂板四路长二丈八尺，阔一尺，厚一寸六分。

里口二路长二丈八尺，阔四寸，厚二寸。拿狮二路长三丈一尺，阔五寸，厚三寸。

康木二路长三丈六尺七寸，阔四寸，厚三寸。关头板六块长六尺，阔一尺二寸，厚一寸六分。

关梢板五块长五尺八寸，阔尺，厚一寸六分。灶门梁花板四块长五尺八寸，厚一寸六分，阔一尺一寸。

铺梢板四块长六尺五寸，厚一寸六分，阔一尺二寸。铺头板二长五尺，厚一寸六分，阔一尺一寸。

线梁一块长五尺，厚二寸五分，阔八寸。各仓梁头十座每座板三块，长六尺五寸六分，阔一尺三寸。

前后锁伏板二十长四尺，阔一尺一寸，厚一寸六分。官楼土墙二块长六尺五寸，厚一寸六分，阔一尺三寸。

横梁板二长五尺，厚二寸，阔一尺三寸。上下舵巾板二长五尺五寸，厚二寸，阔一尺一寸。

桅夹二块长四尺五寸，厚一寸八分，阔一尺。编舵板四块长二尺五寸，阔一尺，厚一寸六分。

面梁一块长四尺，阔一尺三寸，厚三寸。伏狮头一个长五尺八寸，围二尺五寸。

梢伏狮一个长五尺八寸，围二尺。前后锁伏水枧　根

将军柱一个长五尺，围二尺。

以上共用楠木并折板枋　根　分围三尺，长三丈。有旧料减三分。

桅心杉木一根围二尺，长二丈六尺。杉槁木四根围七寸，长二丈。

旗杆杉木一根围七寸，长一丈五尺。杉木哨杆一根围七寸，长一丈。

篷提头杉木二根围一尺，长二丈。铺仓、脚跳、旗柜松木一根，围三尺，长三丈。

橹一张杉木五分围二尺五寸，长二丈。槐木舵杆一根围一尺，长七尺。

桨栗木八根长八尺。桨水扇八块楠木一根围三尺五寸，长六尺。

槐木舵牙一根围七寸，长四尺。榆木桨桩八根围七寸，长二尺。

吊桶一　榆木榔头一围二尺五寸，长一尺三寸。

檀木水橛二根围一尺，长四尺。戽斗一

水牌一　桨皮条十六

油舱桐油八十斤，黄麻八十斤，石灰一百六十斤。

顶缆、度緙等棕五件棕毛一百八十斤。麻索等四件黄麻三十五斤。

纤簟青水竹五十根。竹挽一

风篷一青筀竹三十一根，黄藤四斤，芦柴十五束，棕毛四斤，芦席五领，毛竹一根。

旗一面号带一条，白绵布一匹。染槐花四两，明矾一两。

缨头一副黑缨八两。桅饼、玲珰四白杨木……，檀木……。

油饰彩画银朱六两，二朱六两，合碌六两，三碌六两，光粉十两，墨煤八两，番朱十二两，水胶十二两，靛青一两，黄丹二两，石黄四两，桐油五斤。

铁钉浮动什物铁钉一百八十斤，拐棒锔七斤。攀头二条，各长三尺五寸。万字锔四斤，鉡头四条，帽盔箍二道，方箍一道，铁蚂蝗四条，梢头磨脐二，橹箍二道，橹丁公一个，吊舵圈一，纳伏圈六副，桨锔十六个，槁钻四个，桨扒头十六，旗柜钉五十，铁挽子一把。铁锚一个，重四十斤。风篷钩一副。铁索一条，长二丈五尺，重一十五斤。铁锅一口，弓篷圈六个，收篷圈一个，瓦碗，锔六个。

本船诸料共该银　十　两　钱　分　厘　毫。内如有旧木、钉，三分扣除。实该银……。

工食银……。

轻浅便利船

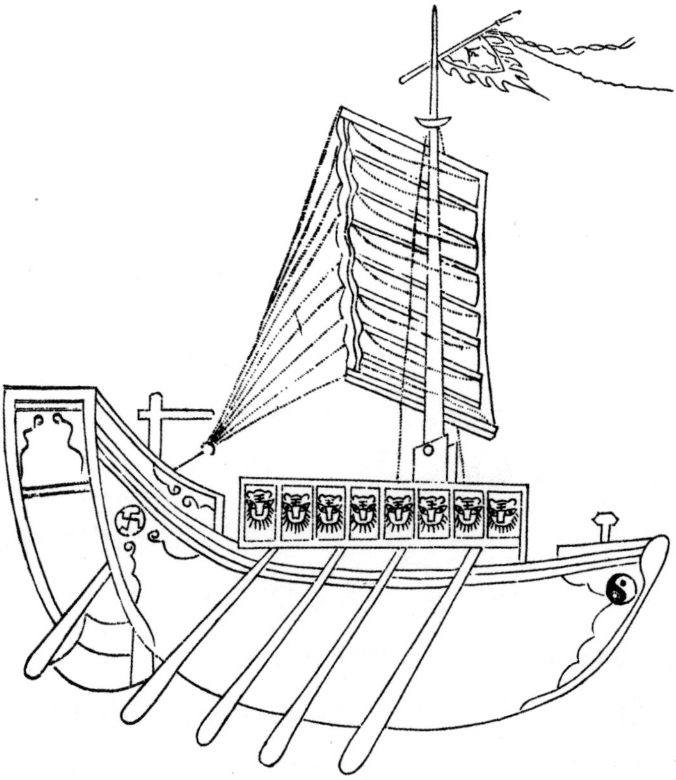

啓按：飘扬不滞曰轻，浮泛不碍曰浅，亨通不括曰利，旋转不劳曰便。船以是名，古何仿乎。刘裕尝设轻利船，北伐取胜，则是名之命未为无因。考其尺度，与一百料战船同；考其法制，与一百五十料战船同。大致法象走舸，可以巡，可以战，唯夫所以用之。夫用船者兵，尝谓兵之不可不利也，而切谓器之尤不可不利也。何也，古人有言曰，器械不精，以其卒与敌也。况夫船之为器，所系尤重。盖容一人则一人之命所悬，容十人则十人之命所悬，容百人则百人之命所悬。苟一线之繻不谨，则灭项之祸无涯，三军之命唯危，而匠氏之心易忽夫。所以忽之者，特狃于偷惰之私，溺于侵渔之习，而不知师旅之命系于举手之下也。呜呼！制其心而不使至于忽者，谁之责与，敢以是为吾督司者告。

头仓长三尺五寸。二仓、三仓各长三尺三寸。

四仓、五仓各长三尺二寸。六仓至十仓各长三尺四寸。

十一仓长三尺五寸。虚头长七尺。

虚梢长八尺五寸。

共长五丈二尺五寸，阔一丈零五寸。

正底九路长三丈七尺，厚一寸八分，阔一尺。帮底二路长三丈八尺，厚一寸八分，阔一尺一寸。

出水栈二路长四丈二尺，厚一寸八分，阔一尺一寸。中栈二路长四丈六尺，厚一寸八分，阔一尺四寸。

完口栈二路长四丈八尺，厚一寸八分，阔一尺二寸。插找二路长一丈七尺，阔一尺，厚一寸八分。

出脚板二块长五丈二尺五寸，阔八寸，厚一寸八分。康木二路长五丈二尺，阔七寸，厚四寸。

前海漫板五块长九尺，厚一寸八分，阔一尺二寸。拿狮二路长五丈，阔五寸，厚四寸。

关头板六长七尺，厚一寸八分，阔一尺一寸。铺头横板一块长六尺，厚一寸八分，阔一尺二寸。

将军柱面梁一块长八尺，厚四寸，阔一尺一寸。线梁一块长八尺，厚三寸，阔一尺。

关梢板六块长六尺五寸，阔九寸，厚一寸八分。草鞋底三块长七尺，厚八分，阔六寸。

铺梢板五块长八尺，厚一寸八分，阔一尺一寸。上下舵巾板二块长八尺，厚二寸，阔一尺。

皂门梁花板二块长六尺，厚一寸八分，阔九寸。土墙二路长一丈七尺，厚一寸六分，阔一尺五寸。

平盘板二路长一丈七尺，阔三寸，厚一寸八分。厫堂板六路长三丈六尺，厚一寸八分，阔一尺一寸。

前后锁伏板二十五长四尺，厚一寸八分，阔一尺一寸。

梢后挽脚梁一块长八尺五寸，阔一尺，厚二寸五分。

侧口二路长三丈二尺，厚二寸，阔五寸。大面梁一块长一丈五尺，厚四寸，阔一尺二寸。

伏狮头一个长六尺五寸，围三尺。

各仓梁头十三座每座板三块，长九尺，阔一尺二寸，厚一寸八分。

将军柱五个长五尺五寸，围二尺五寸。编舵板四块长三尺，厚一寸六分，阔一尺一寸。

舵夹板四块长五尺，厚二寸，阔四寸。橹梭三个长四尺，厚三寸，阔四寸。

橹三张长一丈七尺，厚五寸，阔五寸。桨十把用板八块长八尺，厚一寸四分，阔七寸。

桨印子十个长八尺，厚二寸，阔五寸。橹跳板二块长四尺，厚二寸，阔五寸。

橹床板二块长四尺，厚二寸，阔四寸。小官楼一座左右土墙二长四尺，阔一尺。

龙骨二路长三丈，厚二寸五分，阔四寸。帆柏一块长三尺，厚三寸五分，阔一尺。

桅夹板二块长六尺，厚一寸八分，阔尺一寸。随船水枧　根

铺仓板九

以上共用楠木　十根分围三尺，长三丈。杉木　根围三尺，长三丈。有旧料减三分。

杉木桅一根围三尺，长四丈六尺。杉槁六根围七寸，长二丈。

旗哨杠杉木一根围一尺，长二丈。

桅栓舵牙一根　桨桩十檀木四根，围一尺，长七尺。

檀木关门棒一根围一尺，长八尺。桨栗木十六根围八寸，长八尺。

脚跳板松木　篷秤扛杉木三根围一尺，长八尺。

水撅二　榔头一　木羊头二　戽斗一

装修柱子十二根长五尺五寸，见方四寸五分。顺箍头地脚枋六根四根长三丈，

二根长一丈。

女墙门三十六长三尺五寸，阔一尺七寸。门档七十二根

铳架一座　铳杆三　扶梯一张　旗柜一

鼓架一座　锅盖一　水桶一只　吊桶一　水牌一

以上共用楠木　根　分围三尺五寸，长三丈二尺。杉木　根围二尺五寸，长二丈五尺。有旧料减三分。

油舱桐油一百八十五斤，黄麻一百八十五斤，石灰三百六十斤。

油漆彩画桐油十斤，番朱一斤，墨煤一斤，黄丹四两，蜜陀僧四两，土子半斤，光粉二斤，二朱六两，水花朱三两，石黄二两，靛花青五两，合碌六两，水胶一斤。

风篷一扇青笙竹二百根，棕毛二十斤，黄藤十五斤。

纤簟一青水竹一百根。竹挽二条

旗一面号带一条，红绵布三尺，黄绵布一丈。

缨头一墨缨十二两，生狰水牛皮半分，红鹿皮半分，麻线二钱。

桅饼、玲珰、葫芦顶、仙掌檀木一段，围二尺五寸，长四尺。

棕顶缆一条，系水一条，吊舵一条，橹绷三条，度緈一条，锚缆一条。

麻緈索一条，减篷一条，迎簟一条，旗索一条，都管一条。

鼓一面　桨皮条十六条

铁钉浮动什物大小铁钉四百二十四斤，拐棒锔四十个，万字锔六十个。攀头铁叶二条，长七尺。收篷圈二个，炮头钉四十个，铁挽子二把，铳架铁箍二十八道，小钉二百个，老鹳嘴四十个，将军柱箍三道，舵杆箍二道，桨钩三十二个，桅箍四道，橹箍二道，扒头钉三十二个，橹方圈一个，橹脚环一个，风篷钩一副，橹丁公一个，吊舵圈一个，鼓钩四副，跳板圈一个，篙钻四个，锁伏圈十个，旗柜庌斗小钉五十个。铁锚一口，重六十斤。锁伏圈十个。铁锅一口，阔一尺五寸。粗碗十个，鉡头二条。

本船诸料共该银　百　十　两　钱　分　厘　毫。内如有旧木、钉，三分扣除。实该银……。

工食银……。

后湖金水河船图数之三

后湖者，古玄武湖也。今库之以藏版籍。金水河者，古燕雀湖也。今堤之以卫宫廷。湖有禁、重民数也；河有渔，荐时鲜也。观之禁之渔，知船之设，匪易与滥矣。

后湖一号楼船

后湖二号楼船

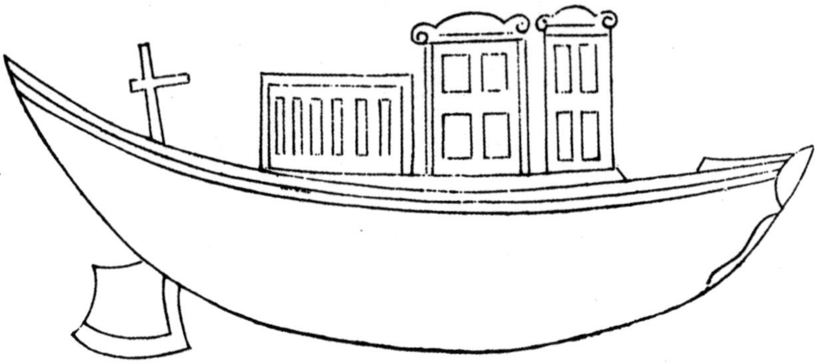

岧按：后湖者，皇朝之天府，万方之版宅焉。观其周遭可四十里，五洲中峙如蓬岛。然昔之国于斯者，不为歌舞之区，则为讲武之地。又不然则为耕锄之薮，故有称为天然之池，有称为建业带以为险者，而岂若圣图远大，为得创建之极哉。议者谓天造地设，以有待亶其信矣。是故成祖都北，百司尽随，而唯后湖之藏，二百余年，虽燕辅北畿，数岁而一登其籍，于中者犹一日也，未尝改设，谓非万世之固莫是过与。唯夫浩森渊泓，虹梁艰措，济必以船。而船之设，有禁令焉，何则式之禁也有三：帆樯不备，橹棹不备，纤索不备。行之禁也有三：期非五日不渡，官非监守不渡，人非查对匠役不渡。钥之禁也亦有四焉，内府藏之，中官守之，监生请而出纳之，户科部司验之，酌其政而启闭之。其严于法者如此。严其地也，楼船二官所乘也。小者旧制，大者正德十五年有为而创备云。

头仓至九仓，各长四尺三寸。

虚梢长九尺。

共长五丈五尺。

正底九路长三丈九尺，厚一寸七分，各阔一尺。帮底二路长四丈，厚一寸七分，阔八寸。

拖泥二路长四丈二尺，阔一尺，厚一寸七分。出水栈二路长四丈六尺，阔尺，厚一寸七分。

中栈二路长四丈八尺，厚一寸七分，阔一尺二寸。完口栈二路长五丈，厚一寸七分，阔一尺。

插找四块长七尺，厚一寸七分，阔七寸。关头板六块长七尺，阔一尺三寸，厚一寸七分。

出脚板二路长五丈五尺，阔七寸，厚一寸七分。厰堂二路长四丈八尺，阔一尺，厚一寸七分。

关梢板四块长六尺，阔一尺，厚一寸七分。灶门梁二块长六尺，厚一寸六分，阔八寸。

伏狮头一个长七尺，围二尺五寸。木锁梁一块长七尺，厚三寸，阔八寸。

铺头板四块长七尺，厚一寸八分，阔一尺。侧口二块长二丈六尺，阔七寸，厚二寸五分。

拿狮二路长四尺，方四寸。左右土墙二路长九尺，厚一寸五分，阔一尺。

梢楼顶板七块各长七尺，厚一寸二分，阔一尺。官楼顶板六块各长八尺，阔一尺二寸，厚一寸。

长楼顶板七块长一丈二尺，厚一寸，阔一尺一寸。左右庲木二路长五丈五尺，方四寸。

草鞋底二块长九尺，厚一寸一分，阔七寸。舵扇五块长三尺，厚一寸五分，阔一尺。

盂头锁伏板三块长二尺五寸，阔一尺，厚一寸八分。梢后锁伏五块长二尺五寸，阔一尺，厚一寸八分。

各仓梁头十一座每座用板三块，长　尺，阔一尺，厚一寸八分。

以上共用楠木十根围三尺，长二丈八尺。连二、连三枋十二块。有旧料减三分。

榆木舵杆一根围二尺五寸，长一丈五尺。檀木舵牙关门棒二根围一尺，长一丈。

杉槁木六根围七寸，长二丈。

装修柱十八根长七尺，方四寸。挂枋地脚枋五长一丈八尺，阔四寸，厚二寸五分。

弯梁横枋十四长八尺，阔一尺，厚二寸二分。槅子四十六扇长五尺五寸，阔一尺六寸。

两篇板三十块长五尺，阔一尺七寸。地平十八扇各长四尺五寸，阔二尺五寸。

麻力板十二空每空阔四尺五寸，长一尺五寸。麻力槽枋廿四长四尺五寸，阔三尺，厚二寸。

抱厅并梢左右披水板踏脚一个　床一张　卷楼云头板六块各长八尺，阔一尺二寸，厚一寸五分。

以上共用杉木十一根围二尺五寸，长二丈。有旧料扣三分。

油舱桐油一百八十斤，黄麻一百八十斤，石灰四百斤。

吊舵索等用棕毛一百斤。

铁钉浮动什物大小铁钉二百八十斤。万字锔三十个，重十斤。铁槁钻八个。拐棒锔二十个，重十斤。地平圈六副，铁挽子二把，门环二副。

遮风雨日晹篷青笙竹一百根，毛竹四根，棕毛五十斤，黄藤十斤，箬叶一百斤。

油饰彩画桐油五十斤，墨煤四斤，光粉二十斤，二朱一斤，水胶六斤，水花朱一斤，密陀僧四两，番朱四斤，黄丹二斤，白面十斤，枝条碌四两，靛花青一两，藤黄一两。

本船诸料共该银　十　两　钱　分　厘。扣旧钉、板三分。实该银　十　两　钱　分　厘。

一号船工食银十七两九钱七分。

二号船工食银十二两六钱三分。

后湖平船

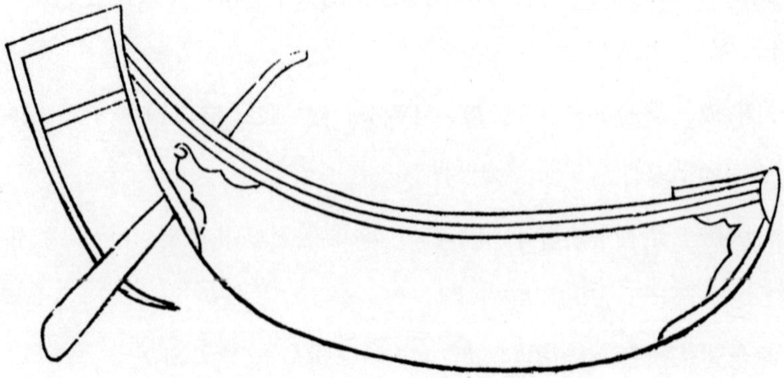

谘按：平船所专载者，曰册籍，曰查封人，曰匠役，曰物料。其禁令悉备楼船之下。

头仓至七仓各长三尺四寸，八、九仓各长三尺五寸，

虚头长五尺二寸，虚梢长六尺，

共长四丈二尺。

正底五路各长三丈一尺，厚一寸六分，阔一尺一寸。帮底二路长三丈六尺，阔七寸，厚一寸。

拖泥二路长三丈六尺，阔九寸，厚一寸六分。出水栈二路长三丈八尺，阔七寸，厚一寸六分。

完口栈二路长四丈二尺，厚一寸六分，阔一尺三寸。插找四块长六尺，厚一

寸六分，阔八寸。

庲木二路长四丈二尺，阔四寸，厚四寸。关头板六块长五尺五寸，阔一尺，厚一寸六分。

出脚板二路长四丈二尺，厚一寸六分，阔八寸。厰堂四块长三丈四尺，阔八寸，厚一寸六分。

关梢板一块长四尺五寸，厚一寸六分，阔一尺。梢伏狮一个长四尺五寸，阔七寸，厚一寸六分。

头伏狮一个长五尺五寸，围八寸。铺梢板二块长四尺，厚一寸五分，阔一寸二分。

各仓梁头十座每座用板三块，长六尺，阔九寸，厚一寸六分。

拿狮二路长四尺二寸，方二寸五分。草鞋底二块长六尺，厚九分，阔七寸。

木锁梁一块长五尺，厚二寸，阔七寸。舵盘板一块长五尺，厚一寸五分，阔八寸。

以上共用楠木　十　根围三尺，长五丈。有旧料减三分。

铁钉浮动什物钉一百十三斤。万字锎十六个，重三斤。铁挽子一把，铁篙钻二个。拐棒锎十个，重三斤。

油舱桐油一百斤，黄麻一百斤，石灰二百斤。

按：后湖船有禁，诸凡风蓬、樯、橹、索缆一不敢备，应改造者，幸毋为卷案所欺云。

本船诸料共该银　十　两　钱　分。

工食银四两八钱。

金水河渔船

啓按：鱼船于诸船中制至小，材至简，工至约，而其用为至重而至慎也。何也，渔以致孝享也。大内者，龙宫之窟，河广且深，鱼之鲜备焉。采之以为奉先殿之供。圣祖孝思维世之则矣，宜其圣圣相承，以孝治天下。

头仓至六仓各长三尺，虚头仓长三尺五寸，

虚梢长三尺，

共长二丈四尺五寸。

正底三路长一丈八尺，阔八寸，厚一寸。帮底二路长一丈九尺，阔七寸，厚一寸。

拖泥二路长二丈一尺，阔五寸，厚一寸。完口栈二路长二丈三尺，阔一尺，厚一寸。

廉木二路长二丈四尺五寸，阔七寸，厚三寸。插找二路长四尺，厚一寸，阔。

伏狮头一个长二尺一寸，围二尺。梢伏狮一个长二尺三寸，围二尺。

孟头板一块长一尺五寸，厚一寸四分，阔二尺二寸。孟锁梁一块长二尺五寸，阔四寸，厚一寸四分。

提梁头一块长二尺五寸，阔一尺，厚一寸四分。关头板三块长二尺五寸，厚一寸四分，阔一尺。

关梢板三块长二尺，厚一寸四分，阔九寸。里口二块长五尺，厚二寸，阔一尺。

各仓梁头七座每座用板二块，长三尺五寸，阔一尺，厚一寸四分。

以上共用……。

铁钉五十斤。

油舱桐油六十斤，黄麻四十斤，石灰一百六十斤。

本船诸料共该银……。

快船图数之四

恭惟南鼎初宁，江防专赖，北狩继远，月贡旋勤。窃尝津问关河，而知路途苦鲜船之害也。又尝道听驾部，而知旗甲苦领船之累也。此忧国者每每形之论列，救急补偏，良多裨益。即如缔造之费观之，兵不足工继之，工不足户继之，三部调停，财不偏匮，政足均矣。究其所出，孰非朝廷之入哉，未有府库而非财赋也。仰唯圣明御极之十年，下黴民辜，悉从南京兵书王公之议，贡减其九之三，船去其十之七。榜揭穹碑，象魏昭布，于是军伍之领驾者苏，驿递之牵挽者节。诚迈列圣，旷百年而靳见之盛典也。比年以来，犹以船政为病，得无斯民得陇无厌之心，妄所觊望也乎。或草虫之感方殷，泛舟之后旁午，尾虽頳而肩未息也。明明在上未必不可嗣请，以光前政，苟一分之省，则三部之余又孰非朝廷之财。吁，本兵者所司也，岂敢僭逾。唯岁有兼助之费，会督之委。会督者，官之联故冒及之。若夫马船之政虽与黄船并称，非联也。非联非职也，非职不录。

快船

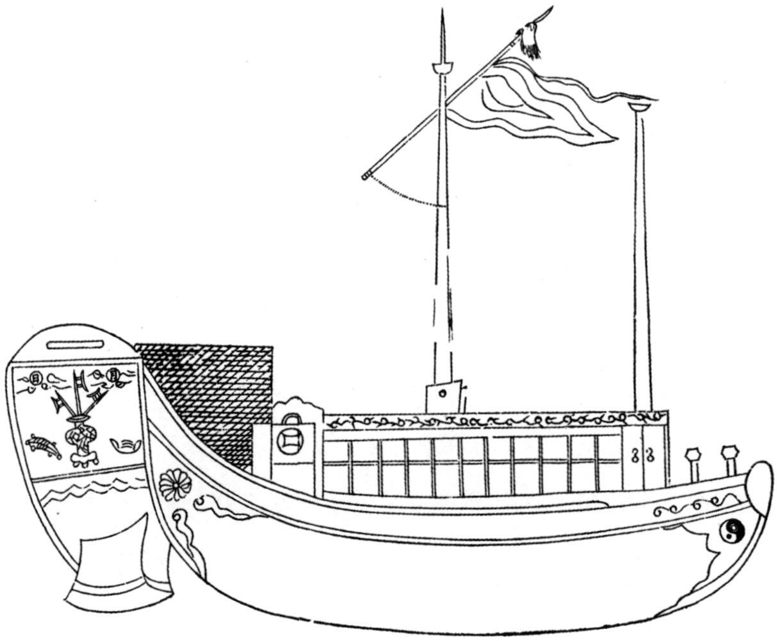

滘按：快船者，专供南京贡献之政令，如鲜藕、新茶、青梅、枇杷、榴柿、柑橘、冬笋、橄榄凡八起，守备所进也，用船五十三，今裁而十矣。天鹅、诸禽、风鲫、芥菜、鹅鸡鸭蛋、鲜笋、鲜干鲥鱼、蜜煎、糖糟、菜果凡十起，尚膳监所进也，用船五十七，今裁而十二矣。荸荠、刀豆、姜、芋、十样果凡十起，司苑局所进也，船二十六，今裁而十二矣。鲜苗、栗子凡二起，神宫监所进也，用船五。香稻凡一起，供用库所进也，用船二。制帛凡一起，司礼监所进也，用船三。各色纻丝罗绫凡一起，内织染局所进也，用船四。诰勅符验轴凡一起，印绶监所进也，用船一。白哨鹿皮凡一起，巾帽局所进也，用船四。杨梅凡一起，内宫监所进也，用船四。此皆一岁一进而有限者也。冬衣、绵布二起，针工局所进也，船无定数。黑扇、簸箕、笊篱、筛箒、烘篮及戗金云龙膳桌、铜器凡二起，内宫监所进也，船无定数。此皆验数、验装而有期者也。又若承天琉璃之运、砖瓦之运、垔土之运，则皆一时之兴作，而非著之常典者也。此固船所必用，而岁造之不容已者焉。其制画一，料无高下，谨稽兵部造船厂工度，而列之于左。

一船仓尺寸出造船厂碑。

前五仓共长一丈六寸，每仓阔三尺，底阔五尺四寸，横阔六尺。

中四仓共长一丈三尺六寸，每仓顺阔三尺四寸，里口阔六尺四寸。

神堂仓顺阔三尺，横阔四尺八寸。下官仓二共五尺五寸。八尺仓三尺九寸。

以上各仓口要阔，厅堂要窄。

一船身尺寸

底心长四丈二尺六寸，阔九尺六寸。梁头阔一丈二尺六寸。

插头虚板长一丈三尺四寸。插梢虚板长一丈三尺三寸。

以上梁头十四座，头尾共长六丈九尺三寸。

一板厚薄

底心、梁头、搪浪板三样俱二寸二分下锯，二寸净。

两厫、两栈、加探板三样俱二寸下锯，一寸八分净。

一匠作工价

大木匠工银八两。舱作工银七两。

锯匠工银三两，无底者四两。

平船舱作工银六两五钱。

平船细木作工银一两五钱。

画作工银二钱。油作工银三钱。

以上颜料各匠备桐油。各甲备……。

一大小风篷二，合价银二两，有提头梯子者加银五钱。

裁革船图之五

器以利用，制以趋时，时之所在物不得而违焉。故因革损益，君子亦唯随时以尽变通之利而已。何也，利也者。时之所便，而安者之谓也。或有利于古，而不利于今者，君子从而革之。非君子有心于革也，利之穷也。或有不利于今而利于后者，君子从而兴之。非君子有心于兴也，利之通也。是故因之。昔者未必不为今之革，革之；今者，未必不为后之因裁革，船三亦夫是而已矣。向使其不利也，于何举之，使其利也。于何废之，故曰时也。是存其制，以俟达时通利者。

海船

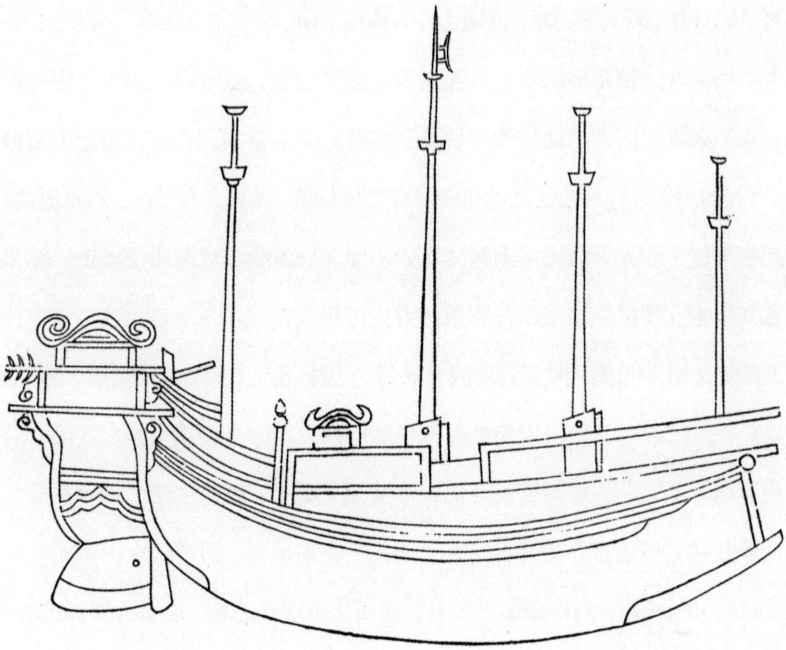

啓按：海运船，元制也。元世赖之，我明承之。太祖用饷辽东，成祖用足京廪。至十二年会通河成，其运始罢。其船改运布花。正统间，以余船备寇。正德间，题止海船，于是乃革矣。革之诚是也，而天下之议者未已，容无所述。尝闻其为海运不可行之说者三。有曰九虏也，视华为仇，惧华之隐海滨者为变，故设此以羁其心，用其力而轻弃其命也。今天下皆赤子，宁忍自驱赤子以冒不测之险哉，此谓不可行者一说也。有曰海运由崇明开洋，不旬日而抵直沽者尚矣，今沙涨变迁，直沽以下淤淖几二百里，萑苇弥天，芥舟不渡，运而抵此，大船无所停泊，小船不能接济，纤莫为力，浚莫为工，此谓不能行者二说也。又有曰惠通间沮，治无不通，万一艰难，怀庆、祥符之故道犹存，其去卫河七十里耳，飞挽无难，此谓不必行者三说也。其为可行之说者亦有三，有曰河运烦劳，不若海运之简速。会计其费，河视陆省十三四，海视陆省十八九。此计其利害，而谓其可行者一说也。有曰河害非虞，虽夫治久孽生，一旦有如往年，流贼奔突东西，则灸背薰心之疾也。惠通有梗，祥符能独利哉，此论其常变而谓之当行者二说也。有曰登、青、淮、海，盐贩为生，两浙、闽、广，商掠为业，盖华而夷者也。其间宁无堪用之才，使招而试之，各随土著，道其险要，岂唯可以集事，亦化暴为良之机也。此即人事，而谓之能行者三说也。呜呼！诸说是非，各有轻重，夫谓海之不可行者，《漕政录》，有见会通之利也。谓海之可行者，《衍义补》，习知海道之故也。人多以此咎文庄，启天下纷更，附和之谈，不知文庄未尝言废河而任海也，亦未尝言河海分任其事也。特以先事之图，欲乘闲暇，习船一二，俾知海道，以济意外分毫之急云。虽然近又窃有闻焉，闻之旁海间有支河，由海州入东安卫，抵灵山，通马家濠，可避刘家岛大洋之险。又由马家濠至海沧口新河四百里，可避蓬莱黑水之险。取道间行，舟稳而捷，是又一会通而更便者也。唯其导泉引水，决河立闸之工所不能无，蓄泄筑濬而成其功。侈之者尤谓其有三利，噫，三利未足言，而前之六说可无劳于聚讼矣。是故海船未可轻废，乃即职掌之工料，匠氏之图形条述之，以备为国忧民者考焉。

一千料海船

杉木三百二根　杂木一百四十九根

楠木二十根　榆木舵杆二根

栗木二根　橹桉三十八枝

丁线三万五千七百四十二个。杂作一百六十一个条。

桐油三十二斤八两。石灰九千三十七斤八两。

艌麻一千二百五十三斤三两二钱。

船上什物络麻一千二百九十四斤，黄麻八百八十五斤，棕二千一百八十三斤十二两，白麻二十斤。

四百料钻风海船

杉木二百廿八根　桅心木二根

杂木六十七根　铁栗木舵杆二根

橹坯二十根　松木五根

丁线一万八千五百八十个。杂作九十四个条。

桐鱼油一千一斤十五两。石灰三千五斤十三两。

艌麻七百二十九斤八两八钱。

船上什物络麻五百七十四斤十四两四钱，白麻十斤，黄藤三百八十三斤八两，棕毛七百三斤。

蜈蚣船

啓按：船曰蜈蚣，象形也。其制始于东南夷，专以驾佛朗机铳。铳之重者千斤，至小者亦百五十斤。其发之烈也，虽木、石、铜、锡，犯无不碎，触罔不焦。其达之迅也，虽奔雷掣电，势莫之疾，神莫之追。盖岛夷之常技也，浸循流入中国，中国因用之以驭夷狄。诸凡火攻之具，炮箭枪毬，无以加诸。故江防是船，特为是器，而备其成造也，嘉靖之四年，其裁革也，嘉靖之十三年。数年之间，未及一试。而真知其功用之大也，即近日海变而观之，穷孽潜滋，命将致讨，锋未及交，而群丑悉毙于兹铳簿震之下。诚哉，猛烈矣乎。宜其于船无不可驾，而此必归之蜈蚣船者，何耶？尝见兵家者流，于凡战阵营垒无不侈言之，以张大其威灵。故古之为阵者有曰：天地风云，龙虎鸟蛇。蛇之一局，独举而夸其首尾相应之势，未有及于蜈蚣者也。今夷人以是名船，形之制也，式穀似之。葛雉川曰：蜈蚣之气能逼蛇。夷之制义毋乃为是，故与夷而知此亦不可不为之所也。呜呼，海宴河清，万世所愿，使长蛇之势不能尽偃，则蜈蚣之制其能不兴也乎。名器尚存，述之以俟。

船身共长七丈五尺，阔一丈六尺。

正底一路长三丈九尺，连接。前巾一路长一丈八尺，连接。

后巾一路长一丈四尺，连接。帮底拖泥栈板二十二路外左右。

拖泥栈板六十片内左右。左右廒木二路长八丈。

左右厫堂二路　龙骨十五根

关梢板六块　上下舵巾二块　帆柏二块

弯梁四十二座　使风梁一座高六尺五寸，长一丈六尺。

前龙口梁一座　后断水梁一座

过梁拖梁二十二根　头桅面梁一块

大桅面梁一块　簻头枋六根

侧口枋七块　顺水平盘六块

左右遮阳柱二十三根　左右遮阳板四十块

战台柱子并过梁四十三根

战台上下枋八根　战台板三十五块

梢楼柱十五根　梢楼顶板十五片

左右扛板　大桅夹二块

头桅夹二块　舵夹板二块

桅栓一根　中路锁伏板一路

官楼顶板　仓内铺板四十片

舵扇板四扇　大桅杉木一根围四尺五寸，长六丈。

头桅杉木一根围三尺，长四丈五尺。七星桅杉木一根围二尺，长二丈。

橹十八张杉木九根围二尺五寸，长二丈五尺。旗竿杉木二根围一尺，长二丈。

舵杆一根　舵牙关门棒二根

杉槁木十根围七寸，长二丈。架铳将军柱二根

扶梯六用杉木二根围二尺五寸，长二丈五尺。桅车心绞舵

榔头　水橛二个

桅饼、玲珰、仙人掌等檀木一段，白杨木一段。

以上共楠木……。

前遮阳生水牛皮三张，芦柴五十束。

油舱桐油六百斤，黄麻六百斤，石灰一千二百斤。

油饰彩画桐油四十五斤，石灰四十五斤，黄丹一斤八两，光粉四十斤，蜜陀僧三两，土子一斤，水丹十五斤，墨煤六斤，糯米四升，银朱二斤八两，番朱三斤，二朱三斤，漆黄三斤，靛花青一斤，合黄三斤，三碌三斤。

风篷二扇青笙竹二百十根，黄藤四十斤，棕毛五十五斤，杉条蓬秤扛四根。

锚顶缆、度绊、吊舵棕毛六百三十斤，白麻二十五斤，黄麻二百五十斤。

纤簟青水竹四百五十根。橹绷黄藤十八斤。

鼓一面　铜金一面

黄布旗二面号带二条。七星旗一面号带一条。

五方旗五面　梢帏幔一副　斗衣二副白绵布二十四匹，黄丝线一两五钱，青丝线一两五钱。

染槐花二斤，苏木六两，明矾八两，靛青二十五斤，陈灰二十斤。

缨头黑缨十斤，生狰水牛皮五分，红缨一斤九两，红鹿皮五分，白麻线三两。

铁器大小钉一千六百斤，铁叶四十四条，橹脚环十八副，槽丁公十八个，铁挽子二把，将军柱铁箍二道，篙钻十个，铁锚二口。

两头船

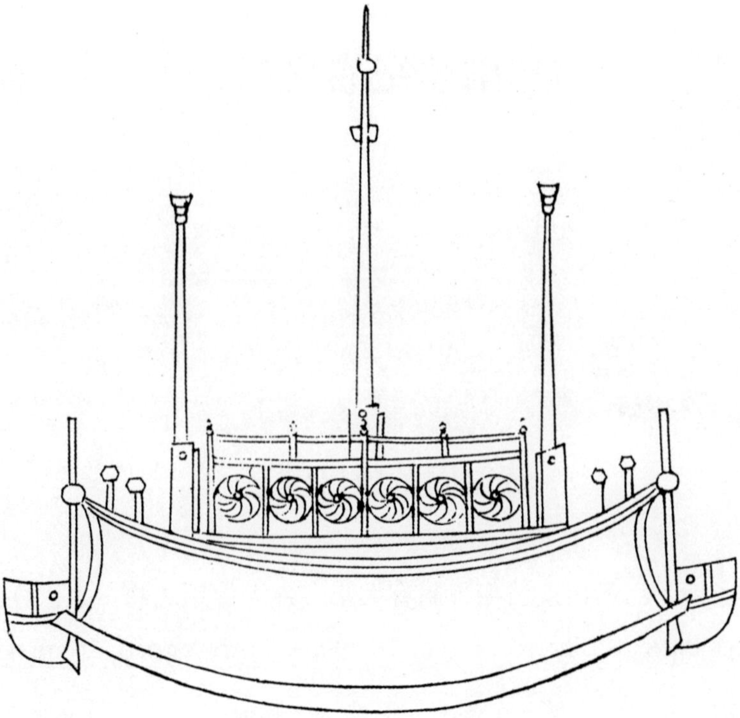

啓按：《大学衍义补》有两头船之说。盖为海运谋。船巨遇风，惧难旋转，两头制舵，遇东风则西驰，遇南风则北驰。海道诸船无逾其利。稽之战船卷牍，亦有是名。裁革已久，惜未亲见其式，果于江防利乎？否也。尝谓武备不嫌于多，虑患不妨于远。□为之前犹将求之，而况为之前者有未泯乎。观于补云，于海且利，则其在江湖浸渎，宜无不利也。兹因未泯□而图之，以托存革之意。

各工料无稽。

南船纪卷之二

黄船因革数目例之一

《会典》：国初造黄船，制有大小，皆为御用之物。至洪熙元年计三十七只。正统十一年计二十五只，常以十只留京师河下听用。成化八年，本部奏准，照快船事例，定限五年一修，十年成造。其停泊去处，常用厂房苫盖，军夫看守。

《工部条例》：凡留京预备黄船一十只，例该五年一修，十年一造。如遇该修造之年，官军领驾，咨送本部，札付督造主事督同提举司官吏匠作料计。合用物料，会有者行龙江抽分竹木局等衙门关支；会无者行拘上、江二县铺户买办，给作修造。遵照钦限完工，仍付原差官军领驾。料价支芦课，工食支匠班银两。

又凡南京各卫，永乐年间额设大黄船二十四只，内渡江并千料远年朽烂在坞不该修造船九只，止有一十五只。又设小黄船三十六只，俱照例五年一修，十年一造。先年，该修理者就行督造主事并提举司官吏匠作会办修理。该造者结申到部，奏行工部转行本部，覆查明白，奏奉钦依，然后改造。正德十四年，该南京外守备衙门题准，今后大小黄船，例该改造者，南京工部委官覆勘明白，即便会计工料，奏行本部转行成造，不必覆查回奏。其会有、会无物料工价俱同前。

计开：

北京预备大黄船十只

通州左卫二只俱三百料。

通州右卫二只俱四百料。

神武中卫六只四百料四只，三百料二只。

南京大黄船一十五只四百料十只，三百料五只。

俱南京水军左卫旗军领驾内二只，嘉靖十八年改作香膳船。

南京小黄船三十六只二百料七只，一百五十料七只，一百二十料十只，一百料八只，九十五料一只，八十五料三只。

南京金吾前卫一只　金吾后卫一只

水军右卫三只　广洋卫五只

龙江左卫五只　锦衣卫三只

龙虎左卫四只　江阴卫五只

虎贲左卫一只　豹韬左卫一只

横海卫一只　留守右卫一只

留守后卫一只　和阳卫二只

旗手卫一只　龙江右卫一只

匾浅黄船因革数目例之二

卷查匾浅船专为进贡荐新之用。先有二百料匾浅船三十只。成化三十三年，俱因朽坏，拆卸停造。正德十四年，外守备衙门会议，大船沿途阁浅，不便进鲜，题咨到部议处。先行料船十只，备行督造主事督令龙江提举司造完十只，给与南京锦衣等卫小甲领驾。其修造工料比小黄船间有多寡。

船十只俱二百料，小甲私增物料，以致反大。

锦衣卫一只　羽林卫一只

金吾前卫一只　金吾后卫一只

府军左卫一只　留守右卫一只

留守前卫一只　豹韬卫一只

水军右卫一只　鹰扬卫一只

战巡等船因革数目例之三

《会典》：新江口战船，永乐五年额设一百三十一只。宣德以后增至三百一十九只。至成化十年，堪操者止有一百四十只。拆卸未造内，三四百料俱改造二百料快船。

《工部条例》：凡新江口战船，原额一百七十八只，划船三十七只，三板船三十只，巡船九十只，摆搭浮桥船五只。正德九年，奏添哨船一百只，造完九十七只。除正德十五年行取四十只赴京，现在五十七只。通共三百九十七只。该五年一修，十年一造。先年，修理物料以五分为率，官出三分，军出二分。成化二十三年，南京内外守备题称，会同南京工部议得，巡船冲冒风浪，易于损坏，比之战船不同。除修理战船，仍旧照依原议事例遵行外，其见今及以后巡船并在船浮动什物，但遇损坏，俱行文南京工部，给官料修理。如各官军不行看守，用心撑驾，以致不久损坏并遗失器具者，痛加惩治追陪等因。

卷查嘉靖十三年，为条陈操巡急务，以修职业，以靖江洋事，该操江兼管巡江、南京都察院右副都御史潘题称：新江口战船，见在两班止用一百二十二只，余船无军领驾，置之无用。欲于一百二十二只之外，添存二十八只，共凑作一百五十只外，再欲将原船改造轻浅利便船五十只，共定作二百只，发管驾操，其余船只俱要除革等因。该本部看得修造战船，虽该本部职掌，其应添应减事体，例系兵部掌行，本部难以议拟。复咨兵部议处去后，今该前因通查，案呈到部。臣等看得南京兵部尚书刘等议开，操江都御史潘所奏，裁革新江口战巡等船事情，与先年南京工部右侍郎何所奏，大略相同。但船料大小，船只名色各异。操演取用之际，亦各有所宜，必须斟酌应用多寡，量为去留。要将四百料战座船量留二只，二百料者量留三十八只，一百五十料者十二只，一百料者十六只，三板船十一只，划船十五只，浮桥船五只，四百料巡座船一只，巡沙船五只，一颗印巡船十五只，哨船三十只，共一百五十只。就将现在堪用者存留，应造应修者照数补完。其余不堪应用船只木料发回提举司，改造轻浅利便船。务合式样，大小适中，可以御风，可以容众，便于撑驾者五十只，共二百只。此与本官原奏减数目相同。及仍要遵照旧例修造一节，为照前项船只，既经南京各官会同议处，事体已为允当，相应依拟。合候命下本部，一咨兵部转行南京兵部，将前项战巡等船，悉依原议大小名色，照数存留，并修造二百只。其余船只，尽行裁革。一行南京工部查照旧例，各依年限修造。其该管官员务要严督，造作如法，不许板薄钉稀。仍令领驾各军，小心爱惜。若不及年限损坏者，照例责令看守之人陪修还官。如此则船非虚设，财无妄费，江防不弛而警急有备矣。缘系条陈操巡急务以修职业、以靖江洋及奉钦依，该部知道事理，未敢擅便。本部尚书秦等具题，奉圣旨：是。钦此，钦遵。

计开：

四百料战座船二只

沈阳右卫一只　天策卫一只

二百料战船三十八只

府军卫一只　水军左卫二只

府军右卫二只　神策卫一只

沈阳右卫一只　豹韬卫二只

沈阳左卫一只　鹰扬卫一只

天策卫二只　留守左卫一只

兴武卫一只　金吾左卫一只

留守中卫二只　锦衣卫二只

应天卫一只　龙江右卫一只

龙江左卫一只　广洋卫二只

虎贲右卫一只　龙虎卫三只

江阴卫二只　金吾后卫二只

府军左卫二只　豹韬左卫一只

留守右卫一只　羽林右卫一只

一百五十料战船一十二只

留守左卫一只　水军左卫一只

水军右卫一只　虎贲左卫一只

留守中卫一只　府军右卫一只

留守前卫一只　江阴卫一只

留守右卫一只　龙江右卫一只

豹韬卫一只　应天卫一只

一百料战船一十六只

府军右卫三只　府军左卫一只

应天卫一只　江阴卫一只

金吾前卫一只　鹰扬卫一只

留守前卫一只　豹韬卫一只

羽林左卫一只　天策卫二只

龙虎卫二只　横海卫一只

三板船一十一只

水军左卫二只　府军右卫一只

水军右卫一只　金吾前卫一只

应天卫一只　镇南卫一只

龙江左卫一只　旗手卫一只

龙虎卫一只　虎贲左卫一只

划船一十五只

镇南卫一只　水军左卫二只

横海卫一只　水军右卫一只

神策卫一只　虎贲左卫一只

龙虎左卫一只　豹韬左卫一只

兴武卫一只　金吾后卫一只

江阴卫一只　旗手卫一只

龙江左卫二只

四百料摆搭浮桥船五只

留守中卫一只　留守前卫二只

留守后卫一只　留守右卫一只

四百料巡座船一只

广洋卫领驾

二百料一颗印巡船一十五只

羽林右卫一只　金吾前卫一只

府军左卫一只　锦衣卫一只

龙虎卫一只　留守前卫一只

江阴卫一只　留守右卫一只

留守左卫一只　旗手卫二只

羽林左卫一只　府军右卫一只

镇南卫一只　水军右卫一只

二百料巡沙船五只

留守中卫一只　天策卫一只

神策卫一只　龙虎卫一只

府军右卫一只

九江式哨船一十四只

龙江右卫一只　龙虎卫一只

水军左卫一只　龙镶卫一只

水军右卫一只　府军右卫一只

府军后卫一只　虎贲右卫一只

旗手卫一只　广洋卫二只

骁骑右卫一只　应天卫一只

武德卫一只

安庆式哨船一十六只

龙江右卫一只　龙虎卫一只

水军右卫二只　广洋卫一只

天策卫二只　府军左卫二只

留守右卫二只　锦衣卫一只

横海卫一只　豹韬卫一只

府军右卫一只　江阴卫一只

龙虎左卫一只

轻浅利便船五十只

府军卫二只　留守左卫一只

金吾左卫一只　水军右卫三只

神策卫二只　虎贲左卫三只

骁骑右卫二只　镇南卫三只

羽林左卫二只　龙虎卫三只

留守后卫三只　武德卫三只

沈阳左卫二只　留守右卫二只

龙江右卫三只　鹰扬卫二只

豹韬卫二只　锦衣卫一只

广洋卫一只　虎贲右卫一只

府军右卫二只　横海卫一只

应天后卫一只　龙江左卫一只

府军后卫二只　豹韬左卫一只

龙虎左卫一只　江口自造一只样船也

大胜关哨船二只

卷查嘉靖十二年,该关备申兵部转行本部,札付提举司照哨船一式,成造巡逻。工料如例出给，本关弓军领驾。

后湖金水河船数目例之四

《工部条例》：凡后湖额设楼座船二只、平船一十只，该三年一小修，六年一大修，十年改造。南京光禄寺掌醢署额有供应打鱼船二只，在金水河采捕鱼鲜，该五年一修，十年一造，工料出办，与黄船同。

后湖楼船二只，平船十只，龙江提举司匠丁三十七人充水手，五日一撑送。是役为最轻。

金水河鱼船二只，光禄寺掌醢署厨役领驾。

马快船条例之五

《会典》：洪武初，置江淮、济川二卫马快船及南京锦衣等卫风快船，以备水军征进之用。既建北京，遂专以运送郊庙香币、上供品物、军需器仗及听候差遣，俱属南京兵部掌管。

《工部条例》：南京各卫快船额设七百八十八只。宣德十年奏准，物料每船以十分为率，官给六分，军余自备四分，中府委官于造船厂督造。弘治十年，该南京兵部奏准，改造快船一只，南京工部给银七十两，本部出草场地租银二十两，本船钉板算银十两，共一百两。本部委官督造。正德十二年，又该南京兵部奏行会议，原给银一百两，不敷成造。南京工部添银二十两，兵部添银一十两，其底船不许变卖，存留改造匾浅船，装载芦柴等用。除去钉板银十两，每船共银一百二十两，每年成造六只。嘉靖元年，又该南京兵部车驾司奏议，每船一只，兵、工二部各加银一十五两，与前一百二十两共一百五十两，每年成造一十二只。行至嘉靖四年，又该南京兵部议处船底，为照每年改造快船，小甲陪补不下百两。而有用底船，因仍丢弃，诚为可惜。今后快船听差二三十年，委果损坏，覆查明白，即将钉板估计价值。内除十两资助本船打造工食，余价定作三分，南京工部坐二分，兵部坐一分，于该给银内，各作扣除作数。兵部覆议，所卖底船，必须会同南京工部差委该司经管官员，眼同验估。责付本船小甲变卖，不必拘定年限，挨次成造。仍咨该部会同南京工部议处施行。

又嘉靖八年，南京兵部为会议重大事宜，请圣裁以裨修省事，具题准议行。内开一、修船费多，会同南京户、工二部查议得旧例，成造快船一只，该料价银一百五十两，其底船临期看估扣算。但人得那移或生欺骗，且官须会勘，未免后时。合无比照漕运底船事例，每只定作银二十两外，给官银一百三十两。今奉钦依，岁造四十只，除底船外，每年共用官银五千二百两，宜酌量各衙门钱粮广狭，以定分数。合无以二千五百两坐派南京户部，于北新关商税余银内支给。以一千六百二十两坐派南京工部，于芦课银内支给。以一千零八十两坐派南京兵部，于缺官及扣剩柴薪银内支给。其户、工二部银两，听兵部每年于正月间支取过部，以便应用。间有遭遇风水漂流，损坏底船，难拘定数，须是临时估算，不在二十两之限。所造船只合查，比旧式稍从浅狭，使易于撑驾牵挽，奸人不得多揽装载以缓行，船甲不至陪添工料以受累。且又便江防之用，不失立名风快之初意。其造船之时，兵、工二部各委主事一员，督同该厂把总、指挥等官，照依时价收买船料，立限成造。务使官钱费有所归，船只坚而可久。

裁革各船例之六

一、海船

《工部条例》：凡山东登州卫海船，原设一百只。正统十三年减免八十二只，止造十八只。岁拨五只装运青、登、莱三府布花、钞锭一十二万余斤，前去辽东赏军。余船湾泊海滨，以备海寇。弘治十六年，山东巡抚、都御史奏减四只，其十四只分派湖广、江西，各省四只，就彼成造。浙江、福建各省三只，每只解银五十两，赴部买料成造。正德四年，为遭风损坏官船事题准，不必打造，今后各布政司每三年，征价解部。三府布花准收折色。正德五年，户部奏准，仍复打造。嘉靖三年，本部尚书崔议得，海船之设，本为装运布花，防御海寇。今布花已收折色，若资此以为战舰，恐遇风则奔驰莫止，临阵则重大难旋等因，奏行查覆。奉圣旨：是。海船工程依拟停止，今后各布政司不许科派扰民。钦此。

一、蜈蚣船

《工部条例》嘉靖四年，为修武备以固畿甸事，南京内外守备衙门题准，铸造佛朗机铳六副，打造蜈蚣船一只。查系广东按察使汪鋐奏，有佛朗机番船，长十丈，阔三丈，两旁驾橹四十枝，周围置铳三四管，底尖面平，不畏风浪。人立之处，用板捍蔽，不畏矢石。每船三百人撑驾，橹多人众，无风可以疾走。各铳举发，弹落如雨，所向无敌，号曰蜈蚣船。其铳用铜管铸造，大者千余斤，中者五百余斤，小者一百五十斤。每铳一管，用提铳四把，以铁为之，铳弹内用铁，外用铅，其火药置法与中国异。铳一举发，远可百余丈，木石犯之皆碎。自古铳之猛烈，无出其右。是年，行取到广东船匠梁亚洪等三名，发仰提举司，先行料造蜈蚣船一只，长七丈五尺，阔一丈六尺，及南京兵仗局铸佛朗机铳六副，给发新江口官军领驾操演。

又嘉靖十三年，为条陈操巡急务，以修职业，以靖江洋事，裁革见战船下。

一、两头船

始创无查。

《工部条例》：嘉靖十三年裁革见战船下。

南船纪卷之三

典司之一

南京工部都水司

郎中一员，

注选主事一员。

按:《周官》: 川衡掌川泽之禁令而平其守，皆下士为之。至汉元鼎始置水衡都尉，又置左右使者。历汉因革不常。唯魏世主天下水军舟船、器械。由晋而齐、而梁、而隋，有以进贤两冠与御史中丞同者，有为大舟卿，位视中书郎，列卿之末者。有改监及少监，并为令者。唐为使而领舟楫、河梁之署，不属将作郎宋置都水监判监事一人，以员外以上充，同判监一人，以朝官以上充，丞二、簿一，并以京朝官充，掌内外河梁、堤堰之事，然犹自为监也。恭唯本朝，凡在两直隶者，悉属之工部都水司，郎中司其总。其在外河埽之治，造船之役，差主事一员监之。故龙江关有工部分司云。

《工部条例》：凡修造战巡等船，先年本部札委司属官一员，前去龙江提举司督造。正德十三年会议题准，注选都水司主事一员，住扎龙江提举司督造。

《题名记》：环留都长江也，天堑之也。人固之江操耳，战船由设也。

江为通津，警往来之暴，有巡船焉。由江而入，临都城曰龙江，十余里分司署焉。分都水司督造船事，而驻扎于此也。所属有提举司、有帮工厂，造船之所也。属官提举一员，副提举二员，典史一员。正德年间裁减，存提举、副提举各一员，今止有提举矣。凡造船之料总司之也。计料有科，人匠有科，属吏各承行也。人匠皆洪武、永乐年间，取江西、福建、湖广、浙江、南直隶边江府县熟于造船者，挈家于提举司隶籍听役。今知艺者百无一二，召外匠也。帮工有军指挥，千、百户各一员，率以趋之，听提举司取拨于新江口之营也。工竣皆随船归操焉。分司唯督视其成，若夫验料、正费、谨作、衡工，亦不敢辞劳也。利之所在，弊端毛举，匪明蔽宜，匪公蔽仁，匪毅蔽断，匪介蔽惠，徒法无威，徒费滥功，非也。难易之间，克任与否，嫌疑非所计，无愧而已。是职也，成化以前，文案灰烬。二十三年，本部奉钦依，委官一员，严督提举司官吏、匠作及南京中军都督府差拨官军，督造之责盖重也。往岁，部委摄行，乃事更代不常，右侍郎、新泰崔公请于廷，添注主事一员，带俸南京工部都水司，比洪闸例，专任三年，满日起送吏部改选。督造之责始专也。予始承乏人，曰南京之清秩也。抵任，诸寮曰，吾部之仙官也。予以为然，可免俗累矣。按其事舛舛然，略无统纪。既而视船于营，弊殆甚焉。予心不遑宁也。夫以保障重寄，乃儿戏如此也哉。江南穷民膏血取集于船，必视为官物焉，仁者不为也。归其究其在我者，一一经理之。料惟真，用惟当，工惟精，弊者涤，废者复，斯工速用舒，船皆经久图也。但归于营，吾未如之何矣。

右侍郎、怀庆何公转闻命下，檄予会同兵部职方、兵科，按季点闸，故坏船者陪且罪。吁！持刀断水，能如之何，然愈于不为也。渐可致警，工作庶乎少息，民征可疏，缓急可有备矣。不自反者，乃我咎焉。惑也，所惜者，交承不面，事与俱往，来者之容心，未必不犹我之初来也。兹用石端疏分司专任者姓讳、附籍、任年月于其上，来者如次而具，则专任分司者，自是秩然于目矣。虽然人之贤否，职之举坠，观之者得以指其名而臧否之，予不能无罪也。僭及肤妄，非敢为炫且佞激云耳。唯同志君子矜恕焉，幸也。嘉靖八年岁次己丑十有一月吉旦。

赐进士第、承德郎、南京工部主事，建德方鹏撰

典司之二

提举司

提举一员，

副提举一员。

按：提举司即汉舟楫署也。官制云：水衡都尉属官有楫棹令、丞。晋水衡则曰船曹吏。齐职仪则曰官船典军。后周则曰舟工中士。隋则曰舟楫署令。唐因之。宋因之，令掌公私舟船及运漕之事。丞为之贰。元丰中，诏都水外监提举汴河。提举有司，疑始于此。今直隶之为司者，曰卫河、曰清江，其领漕船之职犹故也。惟龙江者，专掌黄船、战船及风快、海运等船之政令。是故凡工之将兴也，经始略事，鸠工度材。及其兴也，稽其工叙，协其法式，禁其奇衺。又其既也，比其功而秩其稍食，几其货而陈其会要，出其船而诏其器数，上之部司，以听部司者之考法焉。又以朔望之期也，听中军都督府之治也，如之。

司吏二名一人匠科，一计料科。

四厢匠籍凡二百四十五户。

厢长四十名举匠头之有身家者为之。

船作头一十五名船木作四名，舱作四名，索作二名，蓬作二名，铁作一名，缆作一名，细木作一名。

内官监匠三十八名。

御马监匠四名粘马槽。丁字库匠三名管鱼油。

酒醋面局匠三名。

宝船厂匠二名。后湖水夫三十七名。

地产册凡地土共三千六百一十二亩八分二厘九毫七丝九忽三微二圭。

桐油六千一百二十五斤十一两五钱。原额五千八百二斤五钱，嘉靖　年增。

黄麻一万二千三百六十一斤。原额一万一千二百四十九斤七两，嘉靖　年增。

《工部条例》：龙江提举司并瓦屑坝厂田地塘埂，佃户佃种，递年出纳油麻，提举司征收贮库，听候修造黄战等船会用。嘉靖五年，据佃户王伻等状告某等欺隐田租。本部委官踏勘，查出二处田地塘埂共三千三百六十亩九分二厘二毫九丝六忽五微二圭，先将欺隐地租追补，以后照例办纳。

卷查嘉靖　年，又告佃田地塘埂二百六十一亩一分三厘二毫五丝。

稻田每亩桐油二斤，黄麻四斤。共田二千六百五十九亩四分一厘一毫一丝三忽。麻一万六百三十五斤一十一两四钱，油五千三百一十七斤一十两七钱。

麦地每亩桐油一斤，黄麻二斤八两。共地五百一十三亩四厘六毫四丝一忽一微。麻一千二百八十七斤四两一钱八分，桐油五百一十三斤一十两八钱九分二厘。

藕水塘沟每亩桐油一斤，黄麻一斤。共二百九十一亩四分四厘四毫一忽七微二圭。麻二百九十二斤二两九钱二分八厘，油二百九十二斤三两四钱二分八厘。

菜地、基地、坟地、荒地、柳埂每亩黄麻一斤。共一百四十八亩九分二厘八毫一丝七忽五微。麻一百四十八斤一十两，油一斤十四两。

南船纪卷之四

一、造船例

卷查各样船只，据各该衙门于该修、该造年分，移文本部，发付都水司。本司掌印郎中禀堂，一札付督造主事，一札付龙江提举司相验。督造主事将原立稽考隔眼簿籍查对，年限果及，带领官吏匠作人等看果损坏，或修或造备由着落，提举司回申本部。本部又札都水司会同覆勘是的呈堂。本司仍行两关会验木料。两关抽分有者，谓之会有。抽分无者，谓之会无。回呈到堂，本部以其应修者，复札督造主事并提举司。将会有者支用，将会无者买办。修理完日附簿，发各收领。其应造者，具题待日，工部咨行本部，备札督造并该司改造。凡改造者，旧料三分，新料七分，其关支买办与修理同。

《工部条例》：弘治十六年，本部因料价不敷，题准将改造战巡等船会无物料，分派直隶苏、松等十二府，广、和二州征解应用。其匠作工食，系修理者，本司随宜斟定。系改造者，照后开原定榜例，于雇工班匠银内支给。

又拆船、出钉、艌桶等匠，例该提举司移文新江口，取讨在营下班军役，不支工食。若夫黄船，仍在本部雇匠拆造。

预备黄船　二千五百五十八工五分，该银七十六两七钱八分五厘。

船木作七百八十工，锯匠二百二十五工，铁作一百三十工，上铁作二十七工五分，

蓬作九十一工五分，索作七十四工，缆作二十九工五分，装修作三百一十工，

锯作七十四工，系装修作锯板用。雕銮作五十八工，舱作三百工，

撕麻、舂灰、扯钻共四十三工五分，油漆作一百三十三工，五墨作三十二工五分，

装銮作八工，鼓作六工，抹金作四工，缨作二工五分，

双线作二工，蚵壳作二十三工五分，摆锡作一工五分，绦作四工，

穿椅作六工，裁缝作九工五分，染作一百三工，竹作二十工五分，

桶作一十二工五分，上索作一工五分，铜作二十一工五分，铸作五工，

旗作六工，旋作五工，响铜作十四工。

南京大黄船　一千二十二工，该银三十两六钱六分。

船木作三百五十工，锯作一百二十工，扯钻抬板二十五工，舱作一百一十五工，

撕麻舂灰二十工，铁作打钉四十五工，鐿钉七工，装修作一百四十五工，

锯匠二十五工，雕銮作一十三工，蓬作三十五工，索作三十工，

缆作十四工，油漆作一十八工，五墨作六工，竹作二十工，

蚵壳作七工，染作十二工，旗作六工，缨作一工，

双线作一工，铜作二工，旋作二工，妆銮作二工，

摆锡作一工。

南京小黄船　九百三十四工，该银二十八两二分匾浅船同。

船木作二百九十八工，锯匠一百三十工，舱作一百一十五工，蓬作三十五工，

索作三十二工，铁作、打钉、鐿钉七工，缆作十六工，

装修作一百六十工，锯匠五十工，雕銮作三十工，油漆作三十二工，

五墨作八工，装銮作二工，旗作三工，染作四工，

缨作一工，双线作一工，旋作二工，蚵壳作七工，

摆锡作一工。

四百料战座船　二千四百八十七工一分，该银七十四两六钱一分。

船木作八百五十工，锯匠二百五十工，铁作一百九十五工五分（如买钉此项革），

舱作三百四十三工六分，索作六十二工五分，蓬作八十九工，

缆作一十八工五分，装修作三百六十四工，五墨作三十工，雕銮作七十九工，

蚵壳作四十七工，油漆作六十六工五分，旗作九工五分，双线作六工，

缨作二工，旋作五工，摆锡作三工，鼓作五工，

染作四工，上铁作一十七工，装修锯匠四十工。

二百料战船　一千工，该银三十两。

船木作三百十工，锯匠一百十工，铁作七十工（如买钉此项应革），

舱作一百三十四工，蓬作五十五工，索作三十三工，缆作七工，

装修作一百五十工，装修锯匠六十五工，油漆作十工，五墨作一十一工，

染作二十五工，旗作十工，旋作三工，双线作一工，

缨作一工，鼓作三工，蚵壳作三工。

一百五十料战船　七百五十一工，该银二十二两五钱三分。

船木作二百七十工，锯匠一百一十工，铁作四十八工（如买钉此项革），

舱作一百工，蓬作二十九工，缆作七工，索作二十一工，

装修作八十工，装修锯匠四十工，油漆作十一工，五墨作九工，

染作十五工，旗作二工五分，旋作一工，双线作一工五分，

缨作一工，鼓作三工，蚵壳作二工。

一百料战船　四百九十工，该银一十四两七钱。

船木作一百四十九工，锯匠一百工，铁作四十二工（如买钉此项革），

舱作五十七工，蓬作二十六工，索作二十一工，缆作四工，

装修作并锯匠七十一工，油漆作五工，五墨作四工，

染作三工，旗作二工，旋作一工，缨作一工，

双线作一工，蛳壳作三工。

三板船　二百五十六工六分七厘，该银七两七钱。

船木作八十工，锯作四十八工，铁作三十三工六分七厘（如买钉此项革），

舱作三十二工，蓬作二十五工，缆作五工，索作二十一工，

油漆作三工，五墨作三工，染作二工，旗作二工，

旋作一工，双线作五分，缨作五工。

划船　二百四十六工六分七厘，该银七两四钱。

船木作六十五工，锯匠作五十二工，舱作三十二工，蓬作二十五工，

铁作三十三工六分七厘（如买钉此项革），缆作五工，索作二十一工，

染作三工，旗作二工，旋作一工，油漆作三工，

五墨作三工，双线作五分，缨作五分。

四百料摆搭浮桥船　六百六十六工六分七厘，该银三十两。

船木作三百四十工，锯匠作一百四十工，铁作五十九工六分七厘（如买钉此项革），

舱作一百五工五分，索作六工五分，缆作八工，油漆作四工，

五墨作三工。

四百料巡座船　一千四百工，该银四十二两。

船木作四百一十六工，锯匠二百工，铁作一百十九工（如买钉此项革），

舱作一百九十四工，索作三十五工，蓬作五十工，缆作十工，

装修作二百四工，装修锯匠三十三工，雕銮作四十四工，五墨作十七工，

油漆作三十八工，蛳壳作二十六工，双线作四工，缨作一工，

旗作八工，旋作三工，鼓作三工，染作四工，

摆锡作一工。

二百料一颗印巡船　七百一十六工六分七厘，该银二十一两五钱。

船木作二百九十八工，锯匠一百工，铁作七十工三分七厘（如买钉此项革），

舱作九十六工，蓬作三十五工，索作三十三工八分，缆作六工，

装修作并锯匠六十三工，染作一工五分，五墨作三工，

旋作一工，旗作一工，油漆作五工，缨作一工五分，

双线作一工五分。

二百料巡沙船　八百七十工，该银二十六两七钱。

船木作三百二十工，锯匠一百二十工，铁作八十三工五分（如买钉此项革），

舱作一百十工，蓬作五十二工，索作三十四工五分，缆作六工，

装修作一百十八工，油漆作九工，五墨作九工，染作　工五分，

旗作一工五分，旋作　工五分，缨作五分，双线作一工，

蜊壳作二工。

九江、安庆、大胜关哨船　二百五十二工，该银七两五钱六分。

船木作九十工，装修作七工，锯匠作六十五工，铁作鍹钉六工，

舱作四十五工，蓬作十工，索作十二工，缆作五工，

油漆作三工五分，染作二工，五墨作二工五分，双线作一工，

缨作一工，旗作一工五分，旋作五分。

轻浅利便船　八百七十六工，该银二十六两二钱八分。

船木作二百九十二工二分三厘，锯匠作一百三十六工三分八厘，

装修作一百四十一工二分七厘五毫，装修锯匠六十二工，舱作一百四十一工，

索作二十九工，铁作十四工，五墨作十工七分，油漆作九工七分，

蓬作二十九工，旗作三工，

缨作五分，旋作二工，

双线作五分，鼓作三工。

后湖楼船　五百九十九工，该银一十七两九钱七分。

船木作一百八十七工，锯匠七十五工，铁作三十工，舱作六十八工，

装修作一百五十工，装修锯匠二十七工，蓬作十九工，索作十六工，

油漆作二十二工，五墨作五工。

二号楼船　四百二十一工，该银一十二两六钱三分。

船木作一百七十工，锯匠六十五工，铁作二十一工，艌作六十五工，

蓬作十八工，索作十四工，油漆作十一工，装修作并锯匠五十七工。

平船　一百六十工，该银四两八钱。

船木作六十工，锯匠四十八工，索作五工，艌作三十六工，

撕麻舂灰四工，蓬作七工。

金水河船本船先年成造如例。近年以来，以其至小至轻，每打鱼时，取渡船代用。

二、收船之例

凡应修造船只，各该官军驾送到龙江提举司河下湾泊。督造主事奉札，笃同该司官吏与原来官军备将点单稽查。船身板片、浮动什物无缺，即为收纳，以待驾军拆卸。修造完日，仍付领驾回营。

一、收预备船。由北京工部题准，咨本部及差官军，驾送到司验收。

一、收南京大小黄船。由南京中军都督府照会本部，令原驾旗甲，将船送提举司河下交割，如前例。近因各军到司不法，俱改泊黄船厂河下坞内，自行看守。应修者，估工给料，拨匠修理。应造者，估给木料七分，旧船准作三分，听其修领，遣匠与造。不复点单查对，彼此称便。

一、收新江口战巡等船。由操江都察院衙门咨本部，差原驾官军送至提举司河下，点检板木什物，果全方给批回。近因本船系操军看守，不加爱惜，未及年分，或沉溺他处，或飘泊无存。是以每有呈部行委本司相验，板片齐备，什物周全，方令该营自行拆卸，运送到司交割。仍将原造本船文卷，点对查明，少者陪补。

一、后湖船。由户科手本，船泊于彼，遣官诣湖，估计发料，诣湖修造。虽云三七相参，盖湖禁有入无出，唯工讫告完云。

三、收料之例

凡修造等船该用楠、杉等料，两关会有者，都水司先发某船应用某号木植数目到局，知会本局。待提举司照数差匠到彼查同，本关抽分主事差人送发批回为验。会无者，俱督造主事拘招铺户商人照数买办，丈量秤验明白，发付提举司收贮，以待匠作支用。其铺商随各具到状三纸，告标开注，纳过数目。一存照；一封送都水司查明印记；一发提举司，出给印信实收申部。都水司案呈，移付屯田司估价，于芦课银内支。铺商亲自赴库关领。

《工部条例》：嘉靖七年咨，送到黄船五只，内三只该修舱者，系是楠木；内二只该改造者，系是川杉等木。本部差官赍价，四路收买，绝无川杉本植。题奉圣旨：这船只既期限紧急，准暂用楠木改造。钦此。

卷查嘉靖二十年正月，为立定规祛宿弊以便稽考事。该本部都水司案呈，奉本部营缮司主事沈呈，奉札相勘各船，或造或修如法料计内，惟会有木植，原该都水司札令两局关支，向来文移止分大木、次木、中木、根数字样，并无围员、长短丈尺。领者、发者但凭见数关支。节该领到楠木中间，心空皮烂者有之，湾曲尾小者有之。匠作称说，俱系该局委官给发原抽木料。切照两关与提举司地方，相离一十余里，彼此授受，原无印烙记号，又无丈尺围圆。其数里之间，木商辐辏，匠作通同，以小易大，何从稽考。况原料丈尺有限，若料大而用小，不无破费之欺。若料小而用大，难免包补之累。及查黄船小甲所领，每盈所估之数。战船所领多系不堪之材。该局官吏难逃轻重之弊。似此议得，欲凡会查木料之时，都水司行令该局，就将根数、围圆、长短、丈尺，核实编号，开报到司。本司照数算派某船、某号等木若干，备行委官并提举司对验。号、尺相同堪用者，印烙明白，方许支出，运赴船厂验实锯用等因，到部送司。查得各卷造修船只，会有木料，俱将勘定原料围长数目，行该抽分衙门查会文移。止有旧管新收大、次、中、小号数，案呈札付虞衡司起勘合关支。该局原无围长尺寸，今奉前因，似亦相应立为定规。案呈到部，拟合通行。为此，札付本部各委官并龙江、瓦屑二局，龙江提举司查照施行。

一、木料：

楠木　松木　川杉木采买如无，题改楠木。

杉木　杉木桅心　杉槁

杉木连二枋铺商无贩，亦折楠木。杉木连三枋

榆木舵杆用。檀木桅饼等项用。白杨木同上。樟木

杂木　栗木桨把用。

二、竹货料：

猫竹　筀竹　水竹　苦竹龙笛用。

箬　芦　黄藤　棕毛湿者折算。

芦席

三、麻料：

黄麻本司地租项下支用，如无买办。白麻

四、油料：

桐油本司地租项下支用，如无买办。猪油鼓用。香油漆用。

鱼油贮九库内，造海船用之。

五、灰炭料：

石灰　木炭　煤　稻皮铸作用。

麦稳同上。木柴　搀缸灰染作用。瓦灰漆作用。

六、五金料：

铁钉大中小。铁事件　铁锚　铁锅

铁灶　金箔　铜响铜、红熟铜、黄熟铜。

花锡　硼砂

七、皮毛料：

生血水牛皮　生挣水牛皮

红真皮　红鹿皮　浆皮条　茜红火把缨

黑缨头

八、丝布料：

黄熟官绢　黄生官绢　白绵布　苎布漆作用。

白绵同上。青绵纱穿椅用。青丝线　黄丝线

大红熟线　绿丝线　生丝左线　大红绒　白麻线

九、漆染画料：

生漆　熟漆　点漆　白面

光粉　水花朱　银朱　二朱

番朱　红土　苏木　黄丹

藤黄　石黄　槐花　密陀僧

合碌　三碌　枝条碌　铜青

靛花青　墨煤　靛青　水胶

土子　猪胰　明矾

四、余料之例

凡龙江提举司收贮各船旧板，堪用者每船作三分支用。其外朽烂、木楂、完头，督造官呈部，委官变卖，解部作正支销。内有堪用者存留，附卷会用。

一、改造大黄船一只，木楂、完头银五钱。

一、改造小黄船一只，木楂、完头银四钱一分。

一、修理大小黄船一只，木楂、完头银二钱一分。

一、战巡等船俱拆卸，本司帮工厂择其堪用者存留，其不堪者变卖，无定数。

一、后湖船无变卖。

铁钉，每船拆十亦作正料三分。更有余不堪用者存留，以待会用，无定用例。

五、稽考之例

《工部条例》：嘉靖七年，为议重大事宜，请圣裁以裨修省事。南京礼部等衙门条陈内，一、严点闸，减修造，以纾财用。据督造船只主事方鹏呈称：本职督造新江口战巡等船四百只，每船一只，成造费银二百余两，修理亦不下五十余两。例约五年一修，十年一造，动费料银数万两。切见船之所以速于修造者，其弊在于撑驾官军视为官物，不加爱惜，及将随船什物，私相借贷，以致易坏故耳。合无比照先年题准正阳门等查点军器事例，本部委官时临泊船处所点闸，及将前船十只编作一帮，每日轮流一军看守等因。该工部覆，看得前项处置，甚切时弊，相应依拟。但事干兵务，恐非工属一官所宜独任。又一月二次点闸，不无烦琐。合无添差兵部委官一员，公同兵科给事中一员，每遇季终，会同点闸。如有官军不行爱惜，抛弃磕损，及将随船什物，私相借贷，轻则责令赔修，重则公同参究提问。其编帮轮守之规，亦依所拟施行。仍每季终取具管船官军不致遗失损坏结状查较。如此则法令既严，而战具常完，修造有节矣。奉圣旨：是。依拟行。钦此。

守义八世祖宪副公，究心经济，居官居乡，咸有著述。《吴江水考》及《南船纪》二书，最有名于世。水考撰于居乡时，尝付梓而板今废失。守义于雍正甲寅岁业较勘重镌矣。船纪四卷，乃嘉靖中以南工部营缮司主事、署监督龙江提举司造船主事时所撰也。当时船政废弛，弊端丛集，□□规画精专使吏不得侵，船皆经久，独为称职。更念章程不定，来者无征，乃日讨月求，铢研寸究，因旧附新，撰为此书，详部准行，捐俸刊定。凡各船图形、工料数目暨因革、典司诸例，无不详备明析。今其板亦无存，惟家藏印本二册而已。守义念此书虽前明之制，而官司营造以之参考损益，历世可征。且先公经世尽职之大略于是焉在，倘不及今刊刻，致久而散轶沉沦，则子孙之咎也。因勉力庀材，继水考而付诸梓人，即用原本重翻，故行款悉如其旧云。

乾隆六年八月十二日八世孙守义谨识